淑徳大学研究叢書

地方創生の総合政策論

── "DWCM" 地域の人々の幸せを高めるための仕組み、ルール、マネジメント

矢尾板 俊平 著

勁草書房

はしがき

　安倍晋三首相は，2014年9月3日に行った内閣改造で，新たに地方創生担当相を置き，それまで自由民主党の幹事長であった石破茂氏を，その任に就けた。その後，まち・ひと・しごと創生法を成立させ，政府に「まち・ひと・しごと創生本部」を設置し，2014年末に政府の「まち・ひと・しごと創生総合戦略」を決定するなど，急速なスピードで，地方創生の取り組みを進めていった。また，都道府県および市町村に対しても，「努力義務」とはしながらも，2016年3月までに，地方版の「まち・ひと・しごと創生総合戦略」の策定を求めた。また，自治体における総合戦略の策定を支援するために，国家公務員，大学研究者，民間企業の実務家等を派遣している。

　2014年5月に元総務省，元岩手県知事の増田寛也氏を座長とする日本創成会議人口減少問題検討分科会が「地方消滅」というハイ・インパクトなキーワードを発表したことが，そもそもの地方創生の原点であり，起点であると言える。こうした文脈から捉えれば，地方創生は「人口問題」に注目した対策であると言える[1]。確かに，地方創生という名の下で行われようとしている政策の多くは，「東京圏への一極集中の緩和」を目指す地域間の人口移動に対する処方箋である。

　例えば，日本版CCRC（Continuing Care Retirement Community）は，都市部において，介護等のサービス供給が不足することが予測されることから，高齢者が地方部に移住（移動）する流れを作るための取り組みである。また，首都圏の大学に対し，収容定員の管理の厳格化という規制強化を通じて，18歳人口の地方部から都市部への人口移動を抑制しようとしている。さまざまな世代で，地方部から都市部への流入を抑制し，都市部から地方部への流出を促進させて

---

[1]　詳細は，増田編著（2014）を参照のこと。

いく,という政策が,人口問題としての地方創生の取り組みの概要である。

　私自身が,いくつかの地域で,地方創生の取り組みに関わったり,お話をお聴きしたりしていくなかで,取り組みに関われば関わるほど,お話をお聴きすればお聴きするほど,そして政府の地方創生の取り組みが進めば進むほど,地方創生という取り組みに違和感を持ち,このままの延長線上には,地方創生の「政策の失敗」があるのではないかという危機感を抱くようになった。

　その最も大きな理由は,人口は本当に移動（移住）するのか,という疑問である。そして,人口の移動を促進したり,抑制したりすることが,人々の幸せに本当につながるのか,という疑問を感じたからである。

　例えば,CCRCに詳しい専門家の話を聴く機会があった。米国で取り組みが進むCCRCは,高齢世代の人々に「生きがい」や「楽しみ」を感じてもらいながら,安心して生活をしていただける環境を整えるという,その考え方は良いと思う。しかし,具体的な政策の落とし込みにおいては,米国と日本の文化の違いは考慮される必要がある。住居地域の選択の中で,どこまで,人々は合理的な判断をするのだろうか。背景となる文化が異なれば,人々の移動の状況も違うのではないかと思える。海外から「グッドプラクティス」を輸入してくることは良いことだけれども,そこに地域性,文化的な背景が異なれば,その結果や成果は異なる様相を見せる可能性がある。大切なことは,「グッドプラクティス」を参考にしながらも,その地域の特性や文化的な背景を踏まえながら,自分たちなりの「モデル」を考えていくことであろう。そうしたプロセスなしには,数年後,CCRCができたものの,そこには人の姿はなく,閑散した建物が残るだけという,いつか,どこかで見てきた風景が再現される地域も現れるのではないかと危惧される。その結果は,「地方消滅」を自ら進めてしまったということになる。

　首都圏の大学の収容定員について厳格管理を求める規制強化は,若年世代の地方部から都市部への人口移動が抑制されるかもしれないが,それは若年世代の「学び」の選択肢を狭めてしまうことにはならないだろうか。地域が持続していくために,若年世代の「希望」を制限してしまうことにはならないだろう

か。もちろん，受験するすべての学生が，自分が希望する進路先に合格することはできない。しかし，収容定員の管理を厳格化していくことは，実質的には競争率を高めることになり，これまでであれば，「希望」をかなえられていた若者たちが，規制強化に伴い，「希望」をかなえられなくなってしまうということになる。これは「希望の実現」を目指す地方創生の取り組みとしては矛盾があると言えるのではないだろうか。

地方創生の現場で感じることは，このままでは，政府主導の「地方創生は失敗する」ということである。このメッセージを世に問い，伝えることが，本書を執筆する大きなモチベーションである。

もちろん政府主導の「地方創生は失敗する」というメッセージは，言い過ぎかもしれない。もう少し丁寧に表現をすると，次のように要約できる。第1に，人口移動の促進と抑制はうまくいかない可能性がある。もちろん，近隣地域間での人口移動は促進されるかもしれないが，広域での人口移動の促進と抑制は難しいだろう。第2に，「地方創生」という言葉が登場した後に，金太郎飴的に，他の地域の真似をしただけの取り組みは失敗するだろう。

地方創生というバスが走り出すなかで，「遅れてはならぬ」と，慌てて乗り込もうとする。しかし，そのバスの行き先が見えていない。慌てて乗り込もうとする自治体の中には，外部から連れてきた専門家の力を借りて，見栄えのいい取り組みを進めようとしている。それが地域に住む人々に受け入れられているのであれば良いが，地域に住む人々とはかけ離れていたりすると，地方創生の取り組みが空回りしてしまう。

大切なことは，各地域が，地方創生という言葉が登場する前から進めてきた各地域での取り組みや社会的な価値が高い活動を，しっかりと続けていくことである。手段が目的化するのではなく，目的のために手段がある。それぞれの地域の目的，それぞれの活動や取り組みの目的の「軸」をブラさずに，手段として地方創生の事業予算を利用・活用していくということが重要である。地域が創意工夫し，地域の特性や特色に応じた取り組みを進めやすいように，規制改革や分権改革を通じて，その取り組みをサポートしていく必要がある。

本書を執筆する上で，大きく悩んだことがある。それは，本書の性格をどのように設定するか，ということである。地方創生の成果を学術研究として検証し，学術的な価値が高い書籍にするべきなのか。政府，自治体，民間企業，大学やシンクタンクの研究者など，地方創生に関わる皆さんや地方創生に関心を持つ皆さんに，問題提起をし，これからも進んでいく地方創生の取り組みを一緒に考え，議論していくための材料を提供する書籍にするべきなのか。または，地方創生に関心を持つ方に，地方創生のことを知っていただくことを目的とする啓蒙書にするべきなのか。そして，講義等のテキストや参考書として活用できるような学生向けの地方創生のテキストにするべきなのか。

　地方創生の成果を学術研究として検証していくとすれば，もう少し時間が必要とされるかもしれない。検証をするとすれば，地方創生の取り組みの成果の輪郭が見え始め，取り組み前後のデータが揃った段階で行う必要がある。しかし，地方創生の取り組みは，「種をまき」，「芽吹き」，「花が咲く」までには，まだ時間がかかる。むしろ，その検証は焦ってはいけないとも思う。そこで本書には，地方創生の取り組みの方向性と検討するために，問題提起をし，地方創生に関わる皆さんや地方創生に関心を持つ皆さんと共に考え，議論するための材料としての性格を意識した。また，興味を持って読み進めてもらうために，文章の書き方や見出しの付け方も，意識的に，少し刺激的な表現を用いた。

　本書の目的は，政府の地方創生の取り組みに対する問題を提起するとともに，地方創生を進めていくために，何が必要なのか，ということを提案することである。地方創生の意味は，大きく分けて2つの意味がある。ひとつは地域経済をどのように再生させ，また成長させていくのかという点である。もうひとつは，地域に住む人々が幸せを感じられるような地域をどのように作り，どのように持続させていくのかという点である。そこで本書では，地方創生を大きくは経済政策，人口と都市政策，地域づくりの3つの視点から考える。その上で，前半は，第1章から第4章までで地域経済をどのように再生させ，また成長させていくのかということを考えていく。ここでのキーワードは「供給制約」の問題であろう。後半は，第5章と第6章で人々の幸せを高めていくための地域

づくり，地域をいかに持続可能なものにするかを考える。ここでのキーワードは，「DWCM（Destination Welfare Community Management）」である。

＊＊＊＊

　1997年の桜の季節に，私は中央大学総合政策学部に入学し，「総合政策」というメガネを通じて物事を見るようになってから，ちょうど20年後の桜の季節に，本書を出版することができた。私自身にとって，これまで一貫して私の「軸」であり，「視点」であり，追い求めてきた「総合政策学」という学問を「地方創生」というテーマでまとめることができたのは，私自身にとって，とても感慨深いものがある。

　ほぼ10年スパンで，自分なりの研究や経験の成果を取りまとめる機会をいただけることは，とても幸運であると感じている。2008年3月には博士論文を中央大学大学院総合政策研究科に提出した。今回，2008年以降に主に取り組んできた研究や実践的な活動の経験を踏まえて，本書を上梓することができた。

　これまで，私の研究や実践的な活動は，多くの方々との出会いに支えられてきた。ここですべての方のお名前を出すことはできず，その点はご容赦をいただきたいが，いま，この20年間を振り返りながら，お一人お一人の顔が浮かべ，この文章を書いている。皆さまに，感謝を申し上げる。

　私にとっての「総合政策学」の核は，学部1年生時から20年来，指導教授としてご指導をいただいている横山彰先生がお考えになられる「総合政策学」に多大な影響を受け，形成されている。私の大学院進学時，横山先生は，日本経済政策学会の会長に就任され，1期3年を過ごされながら，ほぼ同時期に総合政策研究科の研究科委員長にも就任され，2期4年務められた。特に，大学院に進学後は，横山先生とは家族よりも多くの時間と表現しても大げさではないぐらい，長い時間をご一緒させていただき，先生のお考えに日常的に触れることができたのは，本当に恵まれた時間であり，とても楽しい時間であった。また，横山先生との出会いが，私にとって，公共選択論との出会いであり，研究者を目指すきっかけを与えていただいた。また横山先生にご指導とご支援をい

ただき，2005年に米国ジョージ・メイソン大学の Center for Study of Public Choice のアウトリーチプログラムとサマーインスティテュートに参加することができた。この時の経験は，私にとってハイ・インパクトなものであり，研究者としての人生を歩む上で，貴重な経験となった。

　私の講義スタイルの原点も，横山先生の講義にある。学部時代から，自分が教壇に立った時をイメージし，横山先生の講義を内容はもちろんであるが，講義の方法，話し方等も学ばせていただき，私が最初に教壇に立った時は，横山先生の真似から始めた。またゼミについても，私自身が得た横山ゼミの DNA を自分なりにアレンジしながら，自分のゼミでも DNA を引き継いでいきたいと思っている。横山先生の「公共選択」の講義ノートは，私にとって見本であり，いつでも研究室にロッカーから取り出せるようになっている。

　わが国において初めての「総合政策学部」は，1991年に慶應義塾大学湘南藤沢キャンパスで誕生した。その後，1993年に中央大学に総合政策学部が創設され，立命館大学政策科学部，関西学院大学総合政策学部などの設置が続いた。社会科学分野が法学，経済学，政治学，社会学などに細分化され，専門化されていくなかで，現実の政策課題に対し，学問研究と政策の現場の距離が離れていったことに対する危機感や危惧が，総合政策学という学際的かつ実践を伴う学問として確立されることを目指されてきたと言える。私なりに「総合政策学」を定義するとすれば，現実の政策課題に対し，学際的なアプローチを通じて，課題解決方法を構築し，それを実践する学問であると言える。つまり，実践を伴わない理論や研究は総合政策学とは言えないし，理論や研究を伴わない実践もまた総合政策学とは言えない。私自身は，この20年間で，微力ではあるし，特に何かを成し遂げたわけではないが，こうした「総合政策学」を軸に，私なりに研究と実践を積み重ねてきた。このようなアプローチを続けていくなかで，研究者としての評価を受けることの難しさも同時に感じてきた。

　しかし，私なりの「総合政策学」を構築し，それを軸にして，研究と実践を両立させていくことで，自らの社会的使命と社会的情熱を貫こうとすることができたのは，横山先生，そして，加藤寛先生の存在が大きい。

加藤先生には，さまざまな場面でご指導をいただき，多くの機会をいただいた。加藤先生からは，元経団連会長で，第二次臨時行政調査会の会長であった土光敏夫氏の秘書をされていた並河信乃氏をご紹介いただき，行革国民会議のプロジェクトに参加させていただいた。このことは，私の行財政改革や地方分権改革というテーマについての研究と実践への関心をさらに高め，またわが国の行財政改革の歴史を学ぶ機会をいただき，大きな財産となった。本書は，「地方創生」をテーマに執筆をしたが，次は行財政改革について執筆する機会を得たいと思っている。加藤先生の人生が『日本経済新聞』の「私の履歴書」で連載された時，私は，その切り抜きをノートにまとめた。そのノートに，加藤先生にサインをいただいたのであるが，その時にノートに書いていただいた言葉が「究めて愈々遠し」であった。この言葉は，私の座右の銘として，今でもそのノートを研究室の身近なところに置いている。

　また大学院時代に，石弘光先生と浜田宏一先生からご指導をいただくことができたのも，大きな財産である。石先生は一橋大学を退職されてから，中央大学総合政策学部の特任教授として着任された。その後，放送大学の学長に就任されるのだが，石先生には博士論文の副査として，また横山先生がサバティカル期間中であったときは，指導教授として，ご指導をいただくことができた。石先生のお人柄に触れることができ，とても楽しい時間を過ごさせていただいた。浜田宏一先生も，中央大学大学院総合政策研究科の特任教授として，集中講義であったが，「法と経済学」関係の講義をご担当されていた。講義に加え，博士論文へのご指導もいただくことができた。また，浜田先生のご縁でイェール大学を訪問させていただいたことは，大きな刺激となった。大学院時代に，それぞれ異なる個性をお持ちの先生方に直にご指導をいただいたことは，現在の私自身の研究者，そして教育者としてのスタイルを創り上げることにおいて，大きな財産となっている。

　さらに，学部・大学院時代には，細野助博先生にも，講義だけではなく，政策分析ネットワークの活動などでもご指導をいただいた。細野先生が中心になって設立された「公益社団法人学術・文化・産業ネットワーク多摩」からは，

産官学の地域連携組織として，大きな示唆をいただいている。大学が地域にどのような貢献ができるか，地域にとってどのような拠点になりうるかということの可能性のひとつとして，参考になる。

私は，たくさんの「コミュニティ」に参加する機会もいただき，その「コミュニティ」の中で，今でも育てていただいていると思う。ひとつは「中央大学」もしくは「総合政策学部・総合政策研究科」というコミュニティである。横山先生，石先生，浜田先生，細野先生，大橋正和先生，丹沢安治先生，経済学部の中野守先生，谷口洋志先生，飯島大邦先生，商学部の岸真清先生など多くの先生方に，ご指導をいただきながら，研究者としての道を一歩ずつ歩み始めることができた。

また「公共選択学会」や「経済政策学会」のコミュニティも，私を温かく育てていただいているコミュニティである。加藤先生をはじめ，黒川和美先生，川野辺裕幸先生，原田博夫先生，大岩雄次郎先生，中村まづる先生，小澤太郎先生，長峯純一先生，西川雅史先生，川崎一泰先生，田中宏樹先生など多くの先生方にご指導をいただき，また励ましをいただいている。

こうした学恩に応えるには，まだまだ私自身は力不足であり，さらに成長をしていかなければならないが，「自惚れ」と言われてしまうかもしれないが，「総合政策」という看板，「政策と文化の融合」という中央大学の総合政策学の基本コンセプトを，どのような形であっても守り続けていかなければならないという決意を持ち，日々の政策研究と実践に関わり，社会を少しずつでも良くしていくことに力を尽くしていきたいと思う。

2003年2月から2008年3月までリサーチアシスタントをさせていただいた独立行政法人経済産業研究所（RIETI）での出会いと経験も，私にとって大きな財産になっている。RIETIのリサーチアシスタントとして，CSR，コーポレートガバナンス，有事における経済政策などのさまざまなテーマに関わらせていただいた。そのきっかけは，経済産業省の赤石浩一氏との出会いであった。RIETIでは，宮島英昭先生，小林慶一郎先生，植杉威一郎先生から多くのことを学ばせていただいた。また，川本明先生，山田正人氏にも大変お世話にな

り，現在もご縁を続けていただき，さまざまな知的な刺激をいただいている。

　中里透先生には，RIETIのプロジェクトや昨年，PHP研究所から出版した『世の中の見え方がガラッと変わる経済学』の出版プロジェクト等，さまざまな場面でご指導をいただき，お力をお借りしている。

　私が「地域」に興味と関心を持った「きっかけ」は，寺本博美先生のご縁で三重県松阪市にある三重中京大学に，初めて職を得て，松阪市に「移住」をしたことである。それまで，首都圏に生まれ，首都圏で育った私にとっては，すべての視点が「都市部」に焦点を当てたものであったと思う。三重中京大学は，私が赴任した1年後に学生の募集停止を決定した。この出来事は，私の意識を変えることになった。自分が所属する社会の中で，自分ができることを通じて，その社会の人たちと，どのように歩むことができるかということを強く考えさせられたのである。自分は「無力」であるかもしれない。無力であったとしても，何か自分にできることがあるかもしれない。何か大きなこと，難しいことはできないかもしれない。素晴らしいと称賛されることもできないかもしれない。しかし，そこにいる方々と時間を共にし，共に悩むことはできるかもしれない。そして，何かやってみることはできるかもしれない。地域づくりとは，カッコいいこと，美しいこと，特別なことをしようとするのではなく，日常の生活の中にある普通の幸せや痛みを分かち合いながら，共に歩むことではないかと思う。こうした考え方を私が持っているのは，前松阪市長の山中光茂氏の影響力が強い。三重中京大学に在職していた時に，松阪市長選挙に当選して，私が千葉に移ってからも，交流を続けていただき，山中さんが市長を退任された後も，一緒にお仕事をさせていただく機会をいただいている。山中さんとの時間は，私にとって学び多き時間であり，たくさんの刺激をいただける至福の時である。本書でも，「山中チック」な言い回しになっている表現が多くあると思う。それだけ，山中さんから受ける影響が強いということである。

　そして，多くの先輩や同世代の仲間にも恵まれた。芹澤高斉先生，後藤大策先生，川瀬晃弘先生，松野由希先生といった先輩，中澤克佳先生，宮下量久先生，真鍋雅史先生の同世代の仲間の存在は，時に，私に「やる気」を起こさせ，

時に，私が自然体で相談ができる存在であり，この20年間，さまざまな場面で助けていただいた。芹澤先生には，私が三重中京大学に就職をした際に，メンター的な存在として，ご指導をいただいた。現在，淑徳大学においても，引き続き，ご指導をいただいている。また，松野先生とは，現在の大学で同僚として一緒に仕事をさせていただくことができ，とても心強く感じている。

松阪から千葉に移った後，千葉県や千葉市においても，多くの仲間に恵まれた。さまざまな実践の場において，学生の教育に協力を頂くとともに，地域の活動をさせていただいている。

本書は淑徳大学の出版助成を受けている。出版の機会をいただいた理事長の長谷川匡俊先生，学長の足立叡先生，副学長の田中秀親先生，磯岡哲也先生，コミュニティ政策学部長の山本功先生に感謝申し上げる。また地域連携やサービスラーニング教育に関して，一緒に悩み，考えてくださっている芹澤先生，青柳涼子先生，本多敏明先生，松野先生をはじめとする同僚の先生方，事務局の職員の皆さまにもお礼を申し上げる。

本書の執筆にあたり，ご協力をいただいた野坂美穂先生にも感謝を申し上げる。野坂先生には，研究，教育，さらには自治体との共同研究や活動など，幅広い場面で力をお貸しいただいている。こうした共同研究から得た示唆は多く，その成果は本書の執筆にも大きく貢献している。

また私のゼミの出身で，現在は，東洋大学大学院の大学院生である木村有花さんにも，データ整理等のご協力をいただいた。

本書の原稿の完成を辛抱強くお待ちいただき，その後の編集作業にもご迷惑をおかけした勁草書房の宮本詳三氏にお詫びとともにお礼を申し上げたい。

最後に，最も小さく身近なコミュニティの現場で，コミュニティづくりの何たるかを教え，他の地域のコミュニティづくりに安心して取り組める環境を創り出してくれている妻・早穂に感謝したい。

2017年（平成29年）2月　大学の研究室にて

矢尾板俊平

目　次

はしがき

序章　「安倍一強時代」のはじまり　　3
　　安倍一強時代と政治環境の変化　4
　　総合政策としての地方創生　10

第1部　経済政策と地方創生

第1章　ハイブリッド・アベノミクスと地方創生　　15
　1-1　アベノミクスと日本経済　15
　1-2　物価と賃金　22
　1-3　ハイブリッド・アベノミクスと総合政策　27
　1-4　財政健全化への「この道」　31

第2章　地方創生という経済政策：ローカルアベノミクスという 鎹(かすがい)　　37
　2-1　ローカルアベノミクスの2つの「顔」　37
　2-2　アベノミクスの成果は地方経済に波及しているか　38
　2-3　地域経済の競争力の源泉　43
　2-4　クラスター形成と地域中核企業支援　48
　2-5　地域経済の競争力を高めるには　52
　2-6　課題は「供給制約」　54

第2部　人口問題，地域政策と地方創生

第3章　「地方創生」という「笛の音」 …………………………… 59
- 3-1　安倍政権の「一内閣一仕事」　59
- 3-2　マジックワードとなった「地方創生」　60
- 3-3　ふるさと創生の「幻想」と「まち・ひと・しごと創生」　64
- 3-4　少子化対策，「失敗のツケ」　67
- 3-5　首都圏への一極集中の「現在地」　71
- 3-6　地方創生の「笛の音」の先　77

第4章　大都市の地方（地域）創生と多核ネットワーク型生活経済圏 …………………………… 80
- 4-1　工業（場）等制限法の亡霊　80
- 4-2　大阪都構想と改革の蹉跌　86
- 4-3　進展する都市の高齢化と移住の問題　94
- 4-4　首都圏における都市間ネットワーク経済圏　102
- 4-5　待機児童問題に見る自治体間連携の可能性　106
- 4-6　衰退を招かないための大都市の地方（地域）創生　108

第3部　地域づくりと地方創生

第5章　幸せと満足感を育む地域づくり …………………………… 113
- 5-1　「地域活性化」と「地域の持続可能性」　113
- 5-2　「幸せな共犯関係」から「納得を生み出す対話」へ　116
- 5-3　「不幸せな同居関係」を強いられる地域住民と行政　120
- 5-4　「競争」から生み出される「協創」の仕組み：松阪市を事例に　122
- 5-5　施策に意見を反映させるための住民アンケート　128

5-6 選挙だけではない「シルバー民主主義？」現象　133
5-7 地域づくりは幸せづくり　137

第6章　地域の幸せを高めるコミュニティマネジメント　139
6-1 地域づくりを支えるコミュニティ：Destination Welfare Community　139
6-2 福祉ミックス論とDWC　141
6-3 「3つの資本」　146
6-4 人々はどのように「幸せ」と「不安」を感じているのか　153
6-5 社会への不満と理不尽さと格差　164
6-6 投票行動と社会参画　167
6-7 地域の福祉（幸せ）を高めるマネジメント手法　172

結びに代えて：普遍的な価値を手にするとき　183
地方創生と規制改革　183
地方創生と分権改革　186
Show Up, Dive in, Stay at it　188

参考文献　191
索　引　203

地方創生の総合政策論
"DWCM" 地域の人々の幸せを高めるための
仕組み，ルール，マネジメント

序章　「安倍一強時代」のはじまり

　2012年の年末に行われた衆議院総選挙において，自由民主党が政権に復帰し，第2次安倍政権が発足した。これが「安倍一強時代」と言えよう。そして現在，「アベノミクス」，「地方創生」，「一億総活躍社会」，「働き方改革」，こうしたマジックワードが次々と発せられてきた。必ずしも，どの政策も「完了」したわけではないが，人口減少，少子化，高齢化，グローバル化など社会環境の変化の中で，大きな政策転換が必要であり，また，そうした政策に取り組んでいくためには，その転換のための原動力となる政権の「安定性」と「力強さ」は必要である。その意味でも，社会の大きな「転換点」において，「安倍一強時代」と呼ばれる力強く，安定的な政権の形成は，後世の歴史家は，「歴史の必然であった」と評価するかもしれない。

　本書では，こうした社会，経済，政治環境の変化の中で，特に「地方創生」の文脈に焦点を当てて，これからの「地域づくり」の方向性を検討していく。地方創生という政策は，少なくとも経済，人口，地域・コミュニティの3つの視点から整理することができる。それぞれの政策をミクロの視点（虫の眼）で見ていくことも重要ではあるが，それぞれの政策の相乗効果も踏まえた上で，「地方創生」という「この道」が正しいかどうかを判断するためには，マクロの眼（鳥の眼）から見ることも重要である。ミクロの眼だけでは見えないことも，マクロの眼から見ることにより，今まで見えてこなかった「事実」が見えてくる可能性がある。また，時代の趨勢を読む「魚の眼」から見ることも大きな意味がある。政策は，「虫の眼」（ミクロの視点），「鳥の眼」（マクロの視点），

「魚の眼」（時代の趨勢）の3つのメガネから眺めていくことが重要なのである。

本書における「地方創生」の物語を読み進めていく前に，まずは，その背景となる政治環境について確認してみることにしよう。

安倍一強時代と政治環境の変化

2014年12月に衆議院総選挙を経て，政権発足から4年が経過する安倍内閣は，NHK放送文化研究所の世論調査（内閣支持率）を見る限りは，2013年1月から2016年12月までの平均支持率は50％を超えており，安定的な政権運営がなされていることが見て取れる**（図0-1）**。4年間の中で，「支持する」と「支持しない」が逆転したのは，2015年8月のみであった。この理由は，集団的自衛権に関わる安全保障関連法の国会審議が関係していると考えられる。

安倍首相の通算在任日数は，2016年12月4日で1,806日となり，これまで戦後4番目に在任日数が長かった中曽根康弘氏を超えた。戦後3番目に在任日数が長い小泉純一郎氏の在任日数は，1,980日であり，その小泉氏の背中がくっきりと見えてきている。戦後の内閣総理大臣の平均在任日数を計算すると，約745.52日[1]であり，約2年余りである。（この平均在任日数には，第1次安倍政権における安倍氏の在任日数も加え，計算している）。この数字から見ても，2012年末以降の第2次安倍政権，第3次安倍政権は，他の政権と比べても長期政権になっていることがわかる。

4年を超える長期政権は，戦後では，吉田茂内閣，池田勇人内閣，佐藤栄作内閣，中曽根康弘内閣，小泉純一郎内閣，そして安倍晋三内閣である。さらに5年を超える長期政権は，これまで吉田内閣，佐藤内閣，小泉内閣の3つの内閣であり，そこに安倍内閣が加わることになった。

自由民主党内は，総裁の任期を2期6年までに制限されているが，この任期を3期9年に延長することが，党内で了承され，2018年に行われる総裁選で，

---

[1] この平均在任日数には，第1次安倍政権における安倍氏の在任日数も加え，計算している。

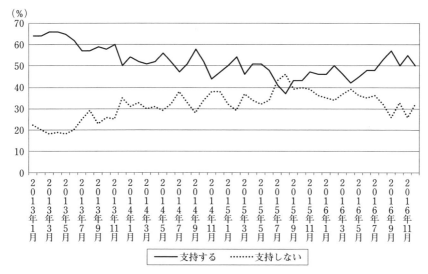

図 0-1　第 2 次安倍内閣発足時以降の内閣支持率
出所：NHK放送文化研究所「世論調査」に基づき，筆者作成。

　再び，安倍氏が総裁に選出されれば，最長で2021年9月まで在任が可能になる。戦後の首相で，最も在任日数が長いのは，安倍氏の大叔父でもある佐藤栄作氏の2,798日である。安倍氏が2018年の総裁選で再選されること，2018年末に任期が切れとなる衆議院総選挙に勝つこと，この2つの条件がクリアされれば，少なくとも戦後最長の在任日数を持つ首相になることも可能になる。

　日本政治は，**表 0-1** からわかるように，政治の安定性と不安定性が交互に起きている。1998年以降の内閣支持率の推移を，NHK文化放送研究所世論調査に基づいて，確認すると，その傾向が浮かび上がる（**図 0-2**）。

　形成された「秩序」が，新たな「秩序」に向かうまでの間，さまざまな試行錯誤と調整が起きる。ポスト小泉内閣では，経済状況の悪化に伴い，第1次安倍内閣，福田康夫内閣，麻生太郎内閣，鳩山由紀夫内閣，菅直人内閣，野田佳彦内閣は約1年の短命内閣であり，政治の混迷期であったとも言える。政治の混迷期が始まった時期に首相であった安倍首相が，再び，首相となり，その政

表 0-1　戦後の歴代内閣

1945年	1946年	1947年	1948年	1949年	1950年	1951年	1952年	1953年
東久邇宮	幣原	吉田	片山　芦田	吉田				

1954年	1955年	1956年	1957年	1958年	1959年	1960年	1961年	1962年	1963年
吉田	鳩山		石橋	岸			池田		

1964年	1965年	1966年	1967年	1968年	1969年	1970年	1971年	1972年	1973年	1974年
池田	佐藤							田中		三木

1975年	1976年	1977年	1978年	1979年	1980年	1981年	1982年	1983年	1984年
三木	福田		大平		鈴木		中曽根		

1985年	1986年	1987年	1988年	1989年	1990年	1991年	1992年	1993年
中曽根			竹下	宇野	海部		宮澤	細川

1994年	1995年	1996年	1997年	1998年	1999年	2000年	2001年
細川　羽田	村山		橋本		小渕	森	小泉

2002年	2003年	2004年	2005年	2006年	2007年	2008年	2009年	2010年
小泉				安倍	福田	麻生	鳩山	菅

2011年	2012年	2013年	2014年	2015年	2016年
菅	野田	安倍			

注：網掛けの部分は，4年を超える長期政権。
出所：首相官邸WEBページを参照し，筆者作成。

治を混迷から脱させ，政治の安定化をもたらしたのは，「偶然」なのか，それとも「宿命」であったのかは，後世の歴史家が評価することだろう。

いま「安倍一強」の政治環境が作り出されている背景には，野党の「力弱さ」が挙げられる。NHK放送文化研究所の世論調査から，2013年1月から2016年12月までの自由民主党，民進党（民主党）の支持率と，無党派（支持なし）の割合を確認すると，自由民主党と民進党（民進党）の政党別支持率の開きが大きいことがわかる。

2014年以降，民進党（民主党）の支持率は，わずかに回復はしてきているものの，自由民主党の平均支持率は約38.34％と，3割から4割の支持率を維持している。また無党派の割合も，平均約35.11％と，やはり3割から4割を推移している。つまり，民主党（民進党）は，自由民主党への不支持の受け皿と

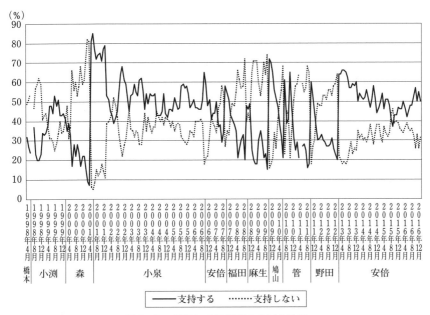

図 0-2　1998年4月以降の内閣支持率

出所：NHK放送文化研究所「世論調査」に基づき，筆者作成。

はなりえていないと言える（**図 0-3**）。

　内閣の安定的な支持率の推移の背景には，マクロ経済の環境がある。これまでも1998年4月以降の内閣支持率を見ると，経済状況が良い時期の内閣支持率は比較的に高いし，経済状況が悪い時期の内閣支持率は比較的に低い。経済状況は，国民にとって政権の成果を判断する，最も身近な判断材料であるので，マクロ経済環境を安定させることは，政権を中長期的に安定化させる「秘訣」ではある。

　もちろん，内閣支持率が上昇したり，下降したりする要因は，経済の状況だけではない。例えば，政治的な不祥事，国民にとって必ずしも評判が高いわけではない政策の実施など，さまざまな要因がある。2012年1月以降の日経平均株価と内閣支持率の推移を**図 0-4**でまとめた。日経平均株価は，日本経済新聞社の「日経平均プロファイル」が提供するヒストリカルデータを参考にして，

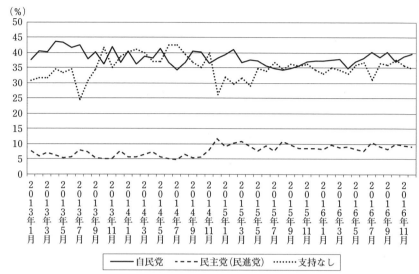

図 0-3　自由民主党，民主党の支持率と無党派（支持なし）の割合
出所：NHK放送文化研究所「世論調査」に基づき，筆者作成。

毎月末の日経平均終値の推移を引用している。**図 0-4** からは，実は安倍政権の支持率と日経平均株価との関係性は強いとは言えない。2012年2月から2016年11月までの期間について，$t-1$期の日経平均株価とt期の内閣支持率の相関値は，－0.77であった。これは例えば，2012年2月（$t-1$期）の日経平均株価の情報を得て，2012年3月（t期）に内閣を支持するかどうかを決めていることを想定した相関関係である。これが意味することは，必ずしも第2次，第3次安倍政権は，日経平均株価が「敏感」に反応する「株価連動内閣」ではないことがわかる。

　それでは，第2次，第3次安倍政権の支持率に対し，「敏感」に反応する要因は何か。第1に，政権そのものに対する「期待の形成」であろう。第2次安倍政権は，「日本を取り戻す」というスローガンのとおり，積極的な経済政策によって，日本経済を再生，復活させるのではないかという期待を高め，その期待が支持率に反映された。政権復帰後に，矢継ぎ早に放たれた政策の数々か

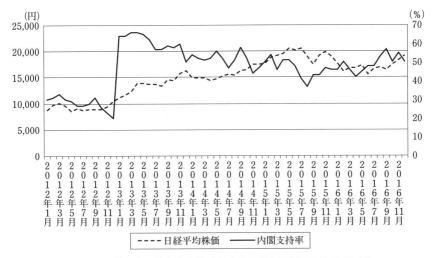

図 0-4　第 2 次，第 3 次安倍政権の支持率と日経平均株価の推移
出所：NHK放送文化研究所「世論調査」，日本経済新聞社日経平均プロファイル「ヒストリカルデータ」に基づき，筆者作成。

らは，確かに「日本を再生する」という意気込みは感じられ，それが好意的に受け入れられたことは間違いない。

　第 2 に，支持率に敏感に反応している要因は，国民にとって不人気な政策（国民の反対の声が大きい政策）を実行したことであろう。ひとつは2013年秋以降に内閣支持率を引き下げた「特定秘密の保護に関する法律」の審議とその成立，もうひとつは2014年の消費税の増税，そして2015年春以降に支持率を引き下げた安全保障関連法案の審議とその成立である。しかしながら，一時的に支持率は下がっても，その後，支持率は戻り，安定的に40％台から50％台に推移している。これは，マクロ経済環境が好調であるということは大きい。つまり，内閣支持率と経済との関係を見ると，もちろん経済状況の急激な悪化が「敏感」に支持率に反応することもあるが，マクロ経済環境が安定的であれば，それが政権の基盤となり，政権基盤を安定的にした支えしているように見える。その意味では，第 2 次，第 3 次安倍政権が，優先課題として，マクロ経済環境

の安定化に取り組んでいることは，政策的にも，政治的にも正しい選択であると言える。

総合政策としての地方創生

　本書の主要な関心は，「地方創生」である。2014年以降，政府に「まち・ひと・しごと創生本部」が設置され，内閣府に担当大臣も置かれた。政府は2014年末に「まち・ひと・しごと創生総合戦略」を決定し，都道府県や市町村にも「地方版まち・ひと・しごと創生総合戦略」の策定を「努力義務」として求めた。地方創生という政策は，経済政策，人口・都市政策，地域づくり政策といったさまざまな「顔」を持つ総合政策である。

　経済政策の視点から見た地方創生は，衰退する地域経済の再生，地域経済の成長戦略に主眼が置かれ，地域企業や産業の生産性を高めたり，地域の所得を高めたりすることが考えられる。また移入と移出，もしくは輸入と輸出ということを考えれば，いかに他地域への移出や海外への輸出を増やし，その地域の収益性を高めていくか，ということも論点となる。こうした経済活動を通じて，雇用が創出され，賃金が支払われていく。それによって，消費が増加し，経済循環がスパイラルアップしていく。このときに鍵となる政策は，規制改革である。また企業のバランスシートや金融機関のバランスシートの問題も考えていく必要がある。

　人口・都市政策的な側面としては，地域社会が直面する子育て，高齢者福祉，貧困や格差の問題，空き家などの住宅の問題，生活環境の問題などが挙げられる。また人口現象である「首都圏への一極集中」の問題なども，社会政策的な側面から検討することができるだろう。こうした問題は，地方部だけの問題ではなく，特に，子育て問題においては待機児童問題，高齢者福祉の問題は，特養待機問題などは都市部においても深刻な問題である。この点から，地方創生の問題は，「地方部」の政策ではなく，都市部の問題でもあると言うことができる。

地域づくり政策という視点で捉えれば，地域の課題をどのように解決し，地域の持続可能性を高めていくかということを考えていく必要がある。地方創生とは，新たに作り出された言葉であるが，地方創生以前においても，地方創生と呼ばないだけで，さまざまな地域で魅力的な地域づくりが行われてきた。こうした地域づくりが，現在の各地の地方創生の「参考」や「モデル」になっているが，もともとは，地方創生という意識ではなく，自分たちが住む地域の課題を解決するという当たり前のことを行ってきたのである。その点で，政府が地方創生だから「やる」のではなく，そもそも地域づくりを行ってきたことの延長線上の中で，政府の施策を活用していくということが，本当の地方創生につながると言える。

　しかしながら，地方創生の取り組みの中で，現在の取り組みの中では，忘れられている視点もある。それが規制改革，地方分権改革や地方財政改革の視点[2]である。地域経済の成長，地域社会が抱える課題への対応，そして地域の持続可能性を高める取り組みを進めていくためには，その権限と財源を，いかに自治体に移譲していくかという議論が必要である。現在の地方創生の政策には，この視点での踏み込みが不足している。もちろん，国家戦略特区等を通じた地域独自の規制改革は可能ではある。しかし，地方創生を進めていくためには，中央集権型ではなく，分権型で，権限とともに財源を移譲していくべきである。また，地方財政の問題で考えておくべき点は，臨時財政対策債の問題である。臨時財政対策債は，本来であれば，地方交付税交付金で国から支払われる資金が後年度に支払われるために，まず臨時財政対策債[3]を発行して，その不足分を補うということが行われている。毎年度の地方債発行額を見てみると，全体の地方債発行額の多くを臨時財政対策債の発行額が占めているといった自

---

[2]　並河信乃氏は，インタビューで次のように答えている。「地域活性化というのは，言ってみれば自治体の自立です。そのためには，分権をもっと徹底的にやっていって，各自治体が自ら必要な政策をある程度自由に実施できる仕組みをつくりあげていくことこそが本当に必要なことだと思います。」（並河 2015）。各自治体が自ら必要な政策を進めていくためには，権限だけではなく，財源も必要となる。その点で，地方財政改革も重要になる。

[3]　国の財政制約が厳しくなっていくなかで，臨時財政対策債は，地方財政において大きなリスクになりうる可能性がある。臨時財政対策債の問題については，別稿で検討する。

治体も多い。自治体が地方債発行額を抑制しようとしても，地方交付税交付金の一部が後年度に支払われることにより，地方債の発行総額が抑制できず，リスクを抱えることになる。

　さらに，地方自治体にとって，公共施設の管理・更新（資産マネジメント）の問題は，将来負担に直接的に結びつき，潜在的なリスクになる可能性もある。病院事業等の公営企業改革と合わせて，現在のリスクだけではなく，将来のリスクをいかに小さくするかということも地方創生の文脈では考えなければならない。

　人口問題に依拠した「地方消滅論」が地方創生のスタート地点となったために，地方創生の本質が大きく変容してしまっているように見える。本来であれば，規制改革を進め，地方経済や地域産業が自立的に地域経済の再生や成長に取り組める環境を作り出したり，地方自治体に権限と財源が移譲されるなかで，行政，民間企業，地域，大学が連携をし合いながら，その地域に合った地域づくりと地域の課題解決が進めることができる環境を作り出したりしていくことが重要である。現在，なぜ地方創生担当大臣が規制改革担当大臣を兼務しているのか，その意味を改めて考える必要がある。しかしながら，現在の地方創生の取り組みは，「均衡ある国土の発展」の発想から脱しきれておらず，中央集権的に取り組みが進められていることから，これまでの地域政策と同様に失敗する可能性がある。

　「失敗」しないための地方創生を考えていくためには，総合政策の視点から地方創生を捉え，適切な仕組みを作り，その仕組みをしっかりと動かしていくことであろう。

第1部　経済政策と地方創生

第1章　ハイブリッド・アベノミクスと地方創生＊

1-1　アベノミクスと日本経済

　第2次，第3次安倍政権の看板といえば，「アベノミクス」と名づけられた経済政策である。「アベノミクス」は，①大胆な金融政策，②機動的な財政政策，③民間投資を喚起する成長戦略のいわゆる「3本の矢」で構成されている。これらの政策は，マクロ経済政策の観点から言えば，「ど真ん中」の経済政策であり，斬新的な政策ではない。むしろ，注目すべきは，こうした政策が実施することができた政権の「強さ」であろう。

　第1次安倍政権の時には，デフレ下の経済であったが，経済そのものは堅調であった。当時の経済と財政の関係での経済論争を振り返ってみると，経済成長を軸に考える「上げ潮派」と財政再建を軸に考える「財政再建派」の意見があった。「上げ潮派」は，規制緩和や構造改革を推進していくことで，経済成長率を上昇させていくという考え方である。そして，経済成長による税収の自然増収を通じて，財政を再建することができるという考え方である。一方，「財政再建派」は，歳出改革とともに消費税増税等の歳入改革を通じて財政再建を行っていくべきであるという考え方である。

　こうしたいくつかの経済と財政に対する考え方が存在するなかで，郵政民営

＊　本章は，矢尾板俊平（2016）「日本経済再生と安倍政権の経済政策：アベノミクスの現状と課題」『淑徳大学研究紀要（総合福祉学部・コミュニティ政策学部）』第50号，pp.119-133に基づきながら，本書のために書き下ろした。

化という内閣で最も重要なミッションを終えた第3次小泉内閣では,「上げ潮派」と「財政再建派」を競い合わせるとともに,経済財政政策担当相に与謝野馨氏を起用したことから,やや「財政再建」に経済財政政策の軸をシフトさせたように見える。これは経済財政諮問会議の「経済財政運営と構造改革に関する基本方針2006」からも読み取ることができる。

その後継となった第1次安倍政権では,「上げ潮派」のメンバーが多く起用され,成長重視の経済政策が議論された。当時の経済財政諮問会議の資料を確認すると,民間有識者ペーパーでは,「創造と成長」のための7大重点改革分野として,①グローバル化改革,②労働市場改革,③生産性改革,④税制改革,⑤地方分権改革,⑥社会保障改革,⑦政府改革が挙げられている。またグローバル化改革には,農業改革が含まれ,社会保障改革には,医療・介護市場の再設計や保育市場の再設計,そのための規制改革が含まれている。

第1次安倍政権の経済政策と第2次,第3次安倍政権の経済政策を比較すると,基本的な考え方は大きく変わっているようには見えない。「アベノミクス」は,短期的な処方箋として,積極的な金融政策と財政政策を実施し,中長期的な成長のために規制緩和等を通じた成長戦略を実施していくというものである。違いがあるとすれば,デフレ脱却というゴールが明確に設定されたことと,そのために,金融政策と財政政策といった短期的な処方箋が採用されたことであろう。

安倍首相が在任中に,消費税増税を2度ほど延期したことも考えると,安倍首相の経済財政政策の基本的な考え方は,経済成長を通じて,税収の自然増収による財政再建であると推測できる。これがアベノミクスの基本的な思想であると読み解ける。民主党政権であった野田内閣の経済財政政策からの大きな転換は,「財政再建重視路線」から「デフレ脱却経済成長重視路線」への転換である。

第2次安倍内閣は,日本銀行に量的質的金融緩和(QQE)の実施を促した。こうした政策に消極的であった白川正明総裁の後任に,QQEに積極的である黒田東彦総裁を指名し,日本銀行の金融政策も大きく転換した。

日本銀行が公表している「マネタリーベース」について,2012年1月以降の

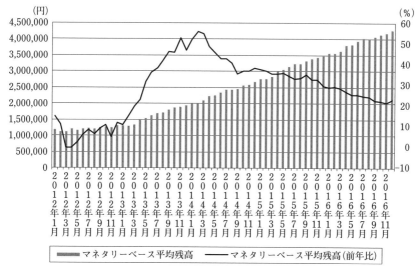

図1-1　2012年1月以降のマネタリーベースの推移
出所：日本銀行「時系列統計データ検索サイト」のデータを活用し，筆者作成。

　毎月の平均残高と前年比をまとめると，**図1-1**になる。また，2012年1月以降の「マネーストック」について，M2とその前年比の推移を**図1-2**，M3とその前年比の推移を**図1-3**にまとめる。

　マネタリーベースとM2，M3との相関値は，それぞれ0.993であり，マネタリーベースの前年比とM2，M3の前年比との相関値は，それぞれ0.764，0.698と強い相関がある。また，回帰分析を行うと，以下のような結果を得た。

$$M2 = 0.436 マネタリーベース +7699060.419 \quad (1)$$
$$(62.541^{**}) \qquad\qquad (423.370^{**})$$

　　　**は，5％水準で有意，自由度調整済みR^2は，0.985

$$M3 = 0.487 マネタリーベース +10703689.27 \quad (2)$$
$$(64.243^{**}) \qquad\qquad (541.511^{**})$$

　　　**は，5％水準で有意，自由度調整済みR^2は，0.986

18　第1部　経済政策と地方創生

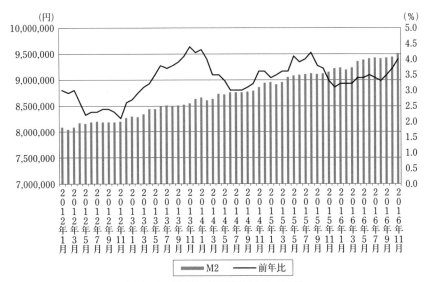

図1-2　2012年1月以降のM2の推移

出所：日本銀行「時系列統計データ検索サイト」のデータを活用し，筆者作成。

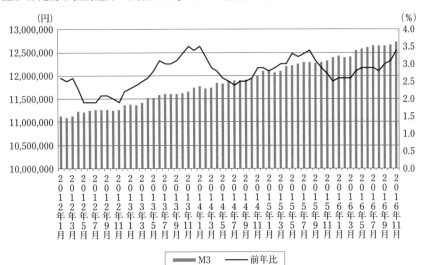

図1-3　2012年1月以降のM3の推移

出所：日本銀行「時系列統計データ検索サイト」のデータを活用し，筆者作成。

日本銀行のQQEは，マネーストックの量を確実に増加させていることがわかる。また「アベノミクス」の成果は，為替レート，名目実効為替レートや実質実効為替レートにも表れている。それを確認するために，リーマンショック以前から現在に至る為替レート，名目実効為替レートや実質実効為替レートを確認するために，第1次安倍政権発足時からのデータを日本銀行のデータに基づいて図1-4を作成した。為替レートは，日本銀行のデータベースを活用し，「外国為替市況（インターバンク相場）」の「東京市場ドル円スポット17時時点／月末」の円ドル相場を整理した。また，名目実効為替レートや実質実効為替レートも，それぞれ日本銀行の公表データを活用している。

為替レート，名目実効為替レートや実質実効為替レートは，2007年以降，円高が進んでいる。そして，リーマンショックを経て，円高が急激に進み，さらに2010年の菅内閣の発足以降，さらに円高が進んでいく。政権交代直前の2012年頃から，円高基調から円安基調に転じ，2013年以降，急激に円安が進んでいる。2013年以降の急激に円安が進んだ背景には，日本銀行のQQEを通じて，為替市場における円の量が増加したことが一因と考えられる。円安が進むことは，日本の輸出産業には大きなプラスの効果を与えると考えられる。財務省の「国際経常収支」に基づき，国際経常収支（季節調整済み）と貿易収支（季節調整済み）の推移を図1-5で確認する。

国際経常収支と貿易収支も2007年以降，減少していき，リーマンショック時に大きく落ち込む。その後，回復をしていくが，2011年3月の東日本大震災以降，貿易収支においては赤字が続いていく。2014年3月に赤字の「底」に達し，貿易収支は回復傾向に転じ，2015年10月以降は黒字になっている。アベノミクスでは，株高と円安という現象は，早期に起きたが，国際経常収支や貿易収支の改善は，2014年を待たなければならない。この点について，小林（2015）は，Jカーブ効果の可能性を指摘し，次のように述べている。「本当にJカーブ効果が起きていたなら，今後の日本の経常収支と貿易収支はもっと改善し，アベノミクスの当初の狙い通り，輸出増加による経済の活性化を実現することができる見込みが出てくる。」

第1部　経済政策と地方創生

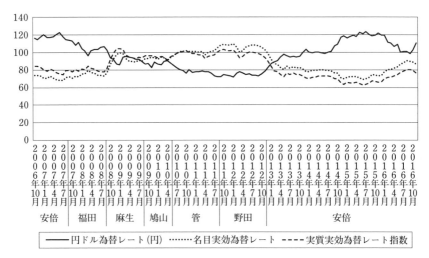

図1-4　2016年10月以降の円ドル為替レート，名目実効為替レート指数，実質実効為替レート指数

出所：日本銀行「時系列統計データ検索サイト」のデータを活用し，筆者作成。

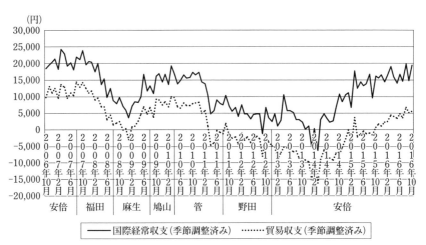

図1-5　2006年10月以降の国際経常収支と貿易収支の推移

出所：財務省「国際経常収支」に基づき，筆者作成。

ここで為替レートと国際経常収支，貿易収支との関係について，回帰分析で確認する。

$$\text{国際経常収支} = 252.852 \text{為替レート} - 17944.605 \quad (3)$$
$$(5.205^{**}) \qquad (-3.568^{**})$$

$**$は，5％水準で有意，自由度調整済みR^2は，0.314

$$\text{貿易収支} = 93.087 \text{為替レート} - 1930.928 \quad (4)$$
$$(2.055^{**}) \qquad (-2.757^{**})$$

$**$は，5％水準で有意，自由度調整済みR^2は，0.053

国際経常収支，貿易収支とも，自由度調整済みR^2の数値は高くないが，t値を見ると，国際経常収支と為替レートでは5.205，貿易収支と為替レートでは2.055と，それぞれ有意な数値となった。国際経常収支や貿易収支については，円安の影響が必ずしも強いわけではないが，円安という環境が国際経常収支や貿易収支の改善に寄与しているとは言える。ただし，円安から国際経常収支や貿易収支の改善までに時間がかかっているため，現時点では，その効果は，まだ大きくはないと言えるかもしれない。このように，アベノミクスの成果は，金融緩和を通じて，為替市場に影響を及ぼし，円安基調の中で，日本経済のマクロ経済環境の好転に対して，「追い風」を送ってきたと言える。

しかしながら，アベノミクスにも課題がある。その課題について，浜田（2016）は，アベノミクスは目覚ましい成果を上げたが，過去１年あまり，世界経済の波乱により，「アベノミクスはやや手詰まり感」を見せていると評価する。浜田宏一教授は，QQEが頭打ちになっている理由として，「流動性の罠」が生じることにより，金融緩和の効果がなくなってしまっていること，外為市場での異変やマイナス金利政策の効果が出ていないことなどを挙げている。そして，プリンストン大学のクリストファー・シムズ教授の「金融政策が効かない原因は『財政』にある」という示唆に衝撃を受けたと述べ，「（人々の）資源配分を改善するような政府支出や減税などによる財政政策を，金融緩和の手助けに使ったほうが良い」という点で，自身の考えを変えたと述べている。つ

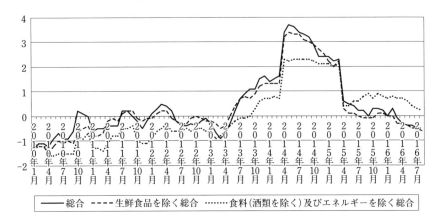

図1-6 消費者物価指数の推移（前年同月比）
出所：総務省「消費者物価指数」（2010年基準）に基づき，筆者作成。

まり，アベノミクス3本の矢の金融政策と財政政策をもっと効果的に組み合わせるべきであると提案している[1]。

1-2　物価と賃金

次に，アベノミクスが政策のターゲットとしている「物価」について確認してみよう。2010年以降の消費者物価指数の推移を，図1-6で表す。図1-6では，総合指数，生鮮食品を除く総合指数，食料（酒類を除く）及びエネルギーを除く総合指数の3つの推移を整理している。どの指数とも2014年4月から急激に，消費者物価指数が上昇しているが，これは消費税の税率が5％から8％に引き上げられた効果である。

次に図1-7からもわかるように，第2次安倍政権以降，エネルギー価格の低下や家賃価格の物価押し下げ効果により，日本銀行が目標とする物価上昇率

---

[1] カギかっこ内は，浜田（2016）からの引用。浜田教授は，「シムズ教授の分析は，〈貨幣の価値を究極的に保証しているのは国家の徴税権力である〉とする物価水準の財政理論（FTPL）の応用」と説明している。

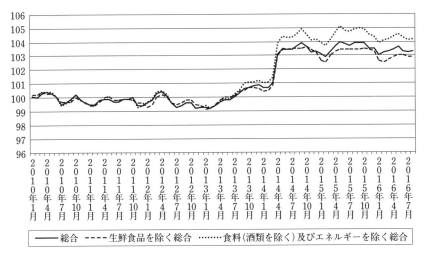

図1-7 消費者物価指数の推移

出所:総務省「消費者物価指数」(2010年基準)に基づき,筆者作成。

には物価はおおむね上昇していることがわかる。小林(2016)では,「特に食品や日用品の価格上昇は顕著であり,勤労者の生活は圧迫している」と指摘している。

ここで賃金との関係について見てみる。図1-8で名目賃金の推移を確認すると,2014年3月まで低下を続けていたが,2014年4月以降に上昇し始めていることがわかる。つまり,物価は上昇をしているが,名目賃金は低下しているという状態が,2013年から2014年続いていた。また2014年4月以降は,名目賃金は上昇をするものの,消費税の税率の引き上げの影響により,名目賃金の上昇の効果が打ち消されてしまっていたことがわかる。

これは実質賃金の推移を確認することで,より理解することができる。図1-9の実質賃金の推移は,2013年6月から2015年3月まで,大きくマイナスになっている。その要因としては,2013年から2014年は物価と名目賃金のバランスが崩れていることが挙げられ,2014年から2015年は消費税率の引き下げの影響を挙げることができる。結果として,小林(2016)が「勤労者の生活は改

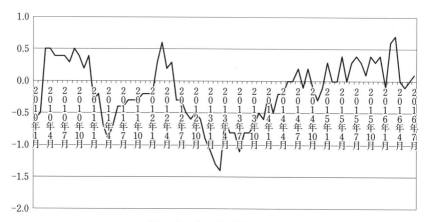

図1-8 名目賃金指数の推移
出所：厚生労働省「毎月勤労統計」(※前年比,「きまって支給する給与」) に基づき,筆者作成。

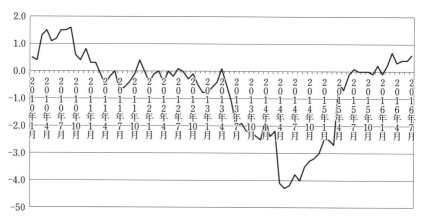

図1-9 実質賃金指数の推移
出所：厚生労働省「毎月勤労統計」(※前年比,「きまって支給する給与」) に基づき,筆者作成。

善どころか悪化してきた」と指摘するように,実際の国民生活は苦しい状況が続いてきたということがわかる。

さらに,雇用や企業の状況について確認してみよう。**図1-10**は,2010年以降の有効求人倍率の推移を表したものである。

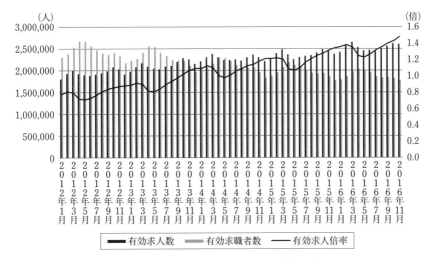

図1-10 2012年1月以降の有効求人倍率の推移

出所：厚生労働省「一般職業紹介状況」（含パート）に基づき，筆者作成。

　2013年11月以降，有効求人倍率は，1.0を超え，「労働供給」が不足している状況にある。つまり，働きたい人と求人を行っている企業のバランスが，求人を行っている企業の方が多い状態である。もちろん，求職者は，自分が働きたい仕事内容や給与を見て，働く場所を決めるので，需給のマッチングがうまくいかず，失業者は発生する。しかしながら，求職者1人当たりにつき，ひとつの求人はあるわけで，その意味で，経済環境は改善されてきたと言える。

　また企業の状況については，日本銀行の「全国短期経済観測」の業況判断で確認してみる。**図1-11**は，四半期ごとに2010年第1四半期以降の大企業，中堅企業，中小企業の業況判断の推移を整理している。

　業況判断からわかることは，おおむね大企業，中堅企業，中小企業のどの企業においても製造業よりも非製造業の方が業況は改善しているということである。2014年4月の消費税の税率引き上げの影響により，一時的に業況は悪化しているが，非製造業の分野では持ち直していることがわかる。

　また，企業の規模別で考えると，非製造業の大企業と中堅企業の業況は改善

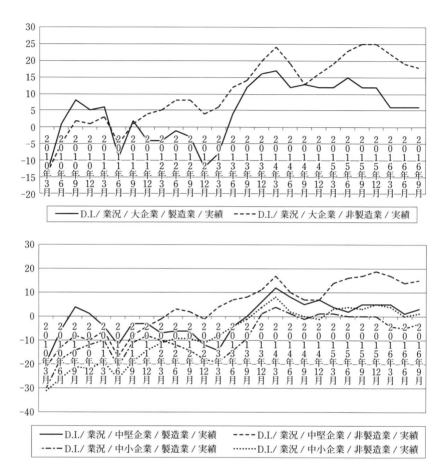

図1-11 業況判断の推移

出所:日本銀行「全国短期経済観測」に基づき,筆者作成。

してきているが,非製造業の中小企業の業況の改善が遅れていることがわかる。

　ここから言えることは,まず大企業,中堅企業,中小企業,どの企業規模においても,製造業をいかに立て直していくか,ということが経済政策としての課題になる。次に,中小企業の業況の改善のための施策が必要である,ということである。つまり,アベノミクスを推進していくにあたり,製造業と中小企

業への対策が課題となっていることがわかる。

いま，国内における「財市場」，「貨幣市場」，「労働市場」の3つの市場を考えてみる。政府の財政政策を通じて「財市場」に，中央銀行の金融政策を通じて「貨幣市場」に働きかけを行い，企業の業績を改善させながら，労働市場の状況を改善させていく。この3つの市場は，相互に影響を与え合っている。また，グローバル化が進展していくなかで，「為替」や「貿易収支」からの影響も考えると，すべての市場も国家もつながっている。経済的なリスクは，国内の市場のみに存在しているのではなく，他国の経済状況も大きなリスク要因となる。そのため，グローバル化の進展は，マクロ経済政策の運営を困難にしていく。

1-3　ハイブリッド・アベノミクスと総合政策

第2次，第3次安倍政権の経済政策の「看板」は，「アベノミクス」であることには変わりはないが，毎回の内閣改造において，その改造内閣の性格を規定する「プロジェクトミッション」を掲げている。2014年の内閣改造では「地方創生」であり，2015年の内閣改造では「一億総活躍社会」であり，2016年の内閣改造では「働き方改革」である。

2015年に，安倍首相は自由民主党総裁に再選すると，再選後の記者会見において，アベノミクスについて，以下のように評価した。

「アベノミクスによって，雇用は100万人以上増えた。2年連続で給料も上がり，この春は，17年ぶりの高い伸びとなった。中小・小規模事業者の倒産件数も，大きく減少した。もはや「デフレではない」という状態まで来ました。デフレ脱却は，もう目の前です。」[2]

「もはやデフレではない」という言葉は，1956年度の経済白書で使われた有名な「もはや戦後ではない」という言葉を彷彿させる。そして，次のように安

---

[2]　2015年9月24日，安倍晋三総裁記者会見（https://www.jimin.jp/news/press/president/130574.html）。

倍首相はアベノミクスの第2ステージを発表する。
　「次の3年間，私は，未来を見据えた，新たな国づくりを力強く進めていきたい。本日，この日から，アベノミクスは，「第2ステージ」へと移ります。」[3]
　アベノミクスの第2ステージは，「希望を生み出す強い経済」という1本目の矢，「夢をつむぐ子育て支援」という2本目の矢，「安心につながる社会保障」という3本目の矢で構成される。しかしながら，その後の経済財政政策運営の状況を見ると，従来のアベノミクスの3本の矢（金融，財政，成長戦略）から，新たな3本の矢に転換をしたわけではなく，従来のいわばデフレ脱却を目指した短期的なマクロ経済政策に，従来の3本目の矢である「成長戦略」に重心を移すことを意図したミクロ経済政策が加わったものになった。
　アベノミクスの第2ステージへの移行は，第1ステージから第2ステージに，異なる政策に転換する（ポリシーチェンジ型）のではなく，短期的なマクロ経済政策と成長を促進するためのミクロ経済政策が組み合わさった「ハイブリッド型」（ハイブリッド・アベノミクス）であると理解できる。
　もちろん，そもそもの思惑としては，短期的なデフレ脱却を目指したマクロ経済政策から中長期的な経済成長を促進するミクロ経済政策への転換を目指したのかもしれない。第1次安倍政権では，そもそも「成長重視」のミクロ経済政策に取り組んできた。第1次政権と第2次，第3次政権の経済政策との違いは，デフレ脱却という短期的なマクロ経済政策を採用したことである。デフレ脱却という目標を達成すれば，短期的なマクロ経済政策から中長期的な経済成長を促進するミクロ経済政策に軸足を移すことは当然の帰結であるとも言える。しかしながら，世界経済の情勢変化の中で，アベノミクスの理論的支柱である内閣官房参与の浜田教授が文藝春秋誌で指摘するような「アベノミクスに手詰まり感」が出てきているなかで，政策転換ができずにいるという見方もできる。
　ここで，**表1-1**でアベノミクス第1ステージと第2ステージの比較をしてみる。

3）　2015年9月24日，安倍晋三総裁記者会見（https://www.jimin.jp/news/press/president/130574.html）。

表 1-1　アベノミクス第1ステージと第2ステージの比較

目標	デフレ脱却（インフレ目標 2 %）	2020年に名目GDP600兆円
第 1 の矢	大胆な金融政策 （量的質的金融緩和）	希望を生み出す強い経済 （生産性向上，地方創生，労働人口の増加と働き方改革）
第 2 の矢	機動的な財政政策 （国土強靱化）	夢をつむぐ子育て支援 希望出生率1.8の実現 （待機児童ゼロ，教育再生，子どもの貧困問題対策等）
第 3 の矢	民間投資を喚起する成長戦略 （規制改革）	安心につながる社会保障 介護離職ゼロ （社会保障制度改革，医療制度改革，生涯現役社会）

　アベノミクス第1ステージでは，デフレ経済という政策環境を前提に，金融と財政を通じた短期的な経済の安定化を目指し，規制改革を通じた中長期的な経済成長を目指すものであった。そのため，金融政策と財政政策というマクロ経済政策に軸足が置かれたし，そうした成果は，さまざまな経済指標に反映され，また国民生活にも「敏感」に影響を及ぼすため，「わかりやすかった」と言える。

　一方，アベノミクス第2ステージでは，日本社会が直面している人口減少，少子化，高齢化，グローバル化という政策環境を前提に，中長期的な経済成長を促進する「成長戦略」に軸足が置かれている。人口減少，少子化，高齢化は経済成長の大きな制約条件になりうるし，また財政に対しても大きな負荷を与える要因となる。またグローバル化が進展すれば，日本の各産業の国際競争力が問われる。こうした政策環境の変化の中で，いわば日本経済の「体質強化」を目指すものであろう。

　アベノミクス第1ステージは，いわば「病気」にある状態の日本経済が病気から回復するために，内科的治療で薬を処方したり，外科手術を施術したりするというものであった。しかし，第2ステージは，健康体に近い日本経済が，より体質を強化していくために，もちろん内科的治療や外科的治療も行うが，人間で言えば，ライフスタイルを変化させたり，栄養改善をしたり，というこ

とを行っていくものであると言える。

　また，アベノミクス第2ステージの特徴は，それぞれの矢が独立をしたものではなく，相互に関係し合っているという点にある。もちろん，アベノミクス第1ステージの金融政策と財政政策も，IS-LMモデルの世界で考えれば，相互に関係しているし，また通貨の問題まで含めれば，マンデル＝フレミングモデルで説明することができる。しかしながら，政策主体は，金融政策は日本銀行，財政は政府というように，政策レベルにおいては独立していると言える。

　しかし，アベノミクス第2ステージは，GDP 600兆円，希望出生率1.8の実現，介護離職ゼロといった目標は，それぞれ独立した政策で実現していくものではなく，地方創生，一億総活躍社会，働き方改革といった政策の相乗効果の中で実現を目指していくものである。また，それを社会保障制度改革や規制改革などで推進していくという構造になる。つまり，アベノミクス第2ステージは，ミクロ経済政策，社会政策，さらには財政政策が混合するポリシーミックス，もしくは「総合政策」として位置付けることができる。

　例えば，「働き方改革」は，生産性の向上であり，労働人口の増加であり，さらには待機児童ゼロや介護離職ゼロといった複数の政策目標がターゲットになるし，「働き方改革」を実現していくためには，労働市場改革や社会保障制度改革，さらには税制改革などが必要になる。さらには，教育への投資，保育所等の施設整備といった財政支出も必要となる。

　アベノミクス第2ステージについて，小林（2015）[4]は，少子化や社会保障などの長期課題に取り組むことで，国民の不安は解消されていき，日本経済は活力を取り戻していくという意味では希望が持てる一方で，「「新3本の矢」で詳しく触れられていない財政再建の問題が，子育て支援と社会保障の成否に直結していることは明らかであろう」と指摘している。

4）　川本・矢尾板・小林・中里・野坂（2016）の第7章において，中里透氏が，少子化，社会保障の問題について解説をしている。こちらも合わせて参照されたい。（中里透（2016）「少子高齢化と社会保障・税一体改革」，pp.226-245）

1-4　財政健全化への「この道」

　アベノミクスという政策の「連立方程式」をより複雑にし，難しくするのは，財政問題である。当初のアベノミクスは，日本経済の「期待」（プラスの期待）を形成し，株価を引き上げ，円安に導いていった。一方，「非ケインズ効果」のように，国民が財政破綻の可能性を考慮に入れると，財政破綻に対応するために，例えば，減税や歳出拡大といった拡張型の財政政策は，むしろ，景気を悪化させることも考えられる。「将来不安」（マイナスの期待と言い換えても良いかもしれないが）が高まれば，アベノミクスを逆流させる可能性もある。
　つまり，プラスであっても，マイナスであっても，国民の期待形成は，経済に影響を与えるということである。第2次，第3次安倍政権は，現時点では，この「期待形成」が，ある程度，成功し，それが内閣支持率に反映されているとも言える。
　アベノミクス第2ステージは，社会保障制度に目を向けていることから，国民の将来不安を解消するという意味での期待形成に働きかけるものであるとも言える。同時に，それは財政の問題にも直結するテーマであるとも言える。
　ここで平成以降の社会保障関係費の推移を**図1-12**で整理する。社会保障関係費は，高齢化の進展に伴い，増加が続き，2017年度の予算では，34兆3,698億円となっている。
　今後，さらに高齢化が進展していくことを想定すると，財政再建，財政の健全化には，社会保障関係費の改革が重要な政策課題となる。特に，今後，医療や介護にかかる歳出は増加していくことが予測されている。こうした背景の中で，一億総活躍社会に向けた取り組みは，労働人口の増加だけではなく，社会保障関係費の改革としての意味もある。
　これまでも財政再建，財政健全化の取り組みは進められてきたが，挫折の繰り返しの歴史であった。例えば，1997年に橋本龍太郎内閣で，「財政構造改革の推進に関する特別措置法（財政構造改革法）」が制定されたが，その後の景

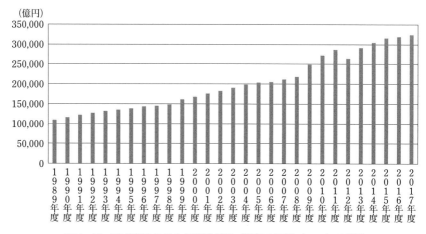

図1-12　平成以降の社会保障関係費（当初の予算ベース）の推移
出所：財務省「我が国の財政事情（平成29年度予算政府案）」に基づき，筆者作成。

気悪化に伴い，翌年の1998年には「財政構造改革の推進に関する特別措置法の停止に関する法律」で，財政構造改革法は凍結された。次に，2006年の小泉内閣は，赤字国債の発行枠（30兆円）の設定，公共事業の削減など，経済再生とともに財政健全化の取り組みも進められてきた。2006年に閣議決定された「経済財政運営と構造改革に関する基本方針 2006」では，具体的な目標として，2011年度に国・地方の基礎的財政収支の黒字化，2010年代半ばまでに，債務残高の対GDPの安定的な引き下げが盛り込まれ，第1次安倍政権に引き継がれたが，その後のリーマンショック等の影響もあり，目標を達成することはできなかった。

そして，2010年に菅内閣で閣議決定された「財政運営戦略」では，2015年度までに，国・地方のプライマリーバランスについて，プライマリーバランスの赤字の対GDP比を2010年度水準から半減し，2020年度までに黒字化すること，2021年度以降に，国・地方の公債等残高の対GDP比を安定的に低下させることが目標として掲げられた。

図1-13は，2010年度以降の一般会計のプライマリーバランスを整理してい

第1章　ハイブリッド・アベノミクスと地方創生

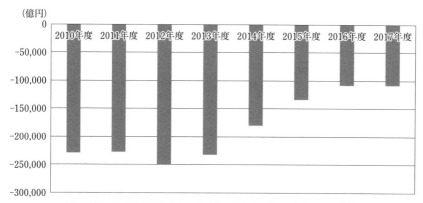

図1-13　2010年度以降の一般会計プライマリーバランスの推移
出所：財務省「我が国の財政事情（平成29年度予算政府案）」に基づき，筆者作成。

る。図1-13からは，2012年度を「底」として，2013年度以降，プライマリーバランスの赤字が減少していることがわかる。特に，消費税率が5％から8％を引き上げられた2014年以降のプライマリーバランス赤字の減少額は大きく，消費税の税率引き上げがプライマリーバランスの改善に寄与していると考えられる。

　しかしながら，安倍首相の財政再建の「この道」は，消費税増税という道を通るものではないようである。安倍首相は，消費税増税を8％から10％に引き上げる時期を2度ほど延期している。1度目は2015年10月を2017年4月に延期し，2度目は2017年4月を2019年10月に延期した。安倍首相が2018年9月の自由民主党総裁選で3選されれば，再び，自らの内閣で消費税の税率引き上げを判断することになる。しかし，2度目の延期決定時には，まだ2018年9月までの任期が既定路線であったため，事実上，安倍首相の在任時では消費税を引き上げないと決めたということになる。そもそも，先述したように，安倍首相は増税による財政再建ではなく，増収による財政再建を基本的な考え方として持っていると推測できる。これは第1次安倍政権時の「上げ潮派」路線の政策を見ても，第2次，第3次安倍政権におけるアベノミクスを見ても，安倍首相の本質的な経済・財政観であると考えられる。

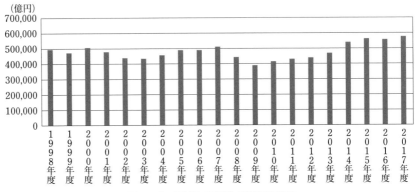

図1-14 2006年度以降の税収の推移

出所：2006年度から2015年度までは，財務省「財政統計（予算決算等データ）」「第4表：昭和57年度以降一般会計歳入主要科目別決算」，2016年度は第3次補正「平成28年度租税及び印紙収入補正後予算額概算」，2017年度は「平成29年度租税及び印紙収入概算」に基づき，筆者作成。

アベノミクスのもうひとつの成果は，増収である。図1-14は，第1次安倍政権が小泉政権から政権を継承した2006年度から10年間の税収の推移である。図1-14を見ると，2017年度予算ベースで57兆7,120億円と，バブル期の1991年度決算時の59兆8,204億円に迫る税収額である。

また，同じく2006年度からの所得税，消費税，法人税の税収の推移を整理すると，図1-15になる。図1-15からは，2014年度以降は，消費税の税収が大きく増加していることがわかる。しかし，所得税も確実に増加するとともに，法人税も2017年度予算ベースで，12兆3,910億円と，リーマンショック以前の水準は回復していないが，リーマンショック以降，最も高い税収が見込まれている。

もし，増収と歳出抑制で財政再建の道筋が付けられるとするならば，経済にショックを与え，政権を失いかねない消費税の増税という「苦い薬」には手を付けないという選択は，政権担当者として合理的な選択であろう[5]。

---

5) 政権にとって，「増税」という政策選択が，いかに非合理的であり，その選択ができるだけ避けられることについて，ジェームス・ブキャナン教授らの公共選択分野での研究業績が積み重ねられている。また，この問題については，石（2009, 2012, 2014）を参照されたい。さらに，小泉内閣以降の消費税に関するドキュメントについては，清水（2013）が詳しい。

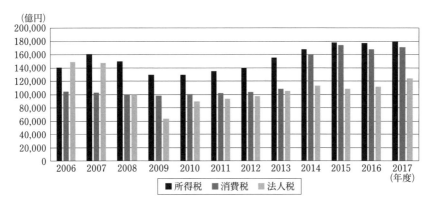

図1-15　2006年度以降の所得税，消費税，法人税の税収の推移

注：2006年度から2015年度までは決算ベース，2016年度は第3次補正予算ベース，2017年度は当初予算ベース。
出所：2006年度と2007年度は，財務省「決算の国会提出について」の「歳入・歳出の概要」，2008年度から2015年度までは，財務省「各年度の決算概要・一般会計・（参考：予算決算比較表）」，2016年度は第3次補正「平成28年度租税及び印紙収入補正後予算額概算」，2017年度は「平成29年度租税及び印紙収入概算」に基づき，筆者作成。

　浜田教授は，先述の文藝春秋の論考において，「仁徳天皇と「民のかまど」」の逸話を紹介しているが，これは消費税の税率引き上げがアベノミクスの効果を緩める方向に働いたことを強調するとともに，デフレ脱却なしに消費税の税率引き上げするべきではないことを示していると読み取れる。

　ハイブリッド・アベノミクスは，増収による財政再建，財政健全化を視野に入れているとすれば，経済政策，社会政策，財政政策が混合された「総合政策」と位置付けられる。

　その総合政策のシナリオは，以下のように整理することができる。

①デフレ脱却を目標とした金融政策と財政政策の実施（アベノミクス第1ステージの継続）

②社会保障制度改革，税制改革，規制改革を通じた地方創生，一億総活躍社会，働き方改革の実現（希望出生率1.8，待機児童ゼロ，介護離職ゼロの達成等）（アベノミクス第2ステージ）

③生産性の向上を通じた中長期的な経済成長の促進，経済成長を通じた再分配機能の向上

④GDP 600兆円の達成，増収を通じた財政の健全化

　①と②は政策手段であり，その結果として，③と④は政策目標となる。内閣改造を経るたびに，内閣の「ミッション」が増えているように見える。もちろん，ミッションそのものは増えているが，そのグランドデザインとシナリオをわかりやすく見せていくことも重要となる。

　安倍政権の諸政策を「ハイブリッド・アベノミクス」という視点で，丁寧に読み込んでいけば，政策間のつながりが見えてくる。「木を見て森を見ず」ではないが，個別の政策を見ていく「虫の目」だけで，それぞれの政策を評価するだけではなく，「鳥の目」で，安倍政権を俯瞰してみていく必要がある。それによって，今後進んでいくべき「この道」の行き先がおぼろげながらでも見えてくるはずである。

第2章　地方創生という経済政策：
　　　　ローカルアベノミクスという 鎹(かすがい)

2-1　ローカルアベノミクスの2つの「顔」

　「アベノミクス」を日本経済全体の問題として捉えるか，もしくは地域経済ごとの問題として捉えるかによって，その評価は変わってくる。「地方創生」は日本経済全体の問題から地域経済の問題につなげる役割である「ローカルアベノミクス」という顔も持つ。
　アベノミクスは，安倍政権にとって，日本経済を再生させるための「切り札」であるばかりか，政権運営に安定性を持たせるためのエンジンでもある。第2次安倍政権にとって，民主党の野田政権が決定した消費税率の5％から8％の引き上げ，そして2015年10月の10％への再引き上げは，大きな「負の遺産」であり，歓迎できない「置き土産」であったはずである。また消費税の引き上げ後には，2015年には統一地方選挙があり，2016年には参議院選挙があるという政治スケジュールも決まっていた。消費税の引き上げのタイムスケジュールは絶妙に選挙スケジュールの中にも組み込まれており，政権の潜在的なリスクとなっていた。こうしたハードルを乗り越え政権を安定させていくためには，地域経済にアベノミクスの成果を普及させていくことが至上命題である。それがローカルアベノミクスの使命である。
　ここで「ローカルアベノミクス」の「顔」をもう少し丁寧に見分けてみよう。
　ひとつは，アベノミクスの成果を地域経済に波及させていくというなかでの

「政治の顔」である。これは政治的な合理性の中で捉えれば，政権として「当たり前」の選択である。2016年の参議院選挙において，32ある1人区において，与党候補の勝利が21選挙区という結果に終わった。特に，激戦区と言われた青森県，山形県，新潟県，長野県，大分県で与党候補が勝利できなかった。少なくとも，「地方部で選挙に勝つ」という点で，政治的合理性を考えれば，ローカルアベノミクスは，与えられた「政治的使命」は果たせなかったと言えるかもしれない。

　もうひとつの顔は，衰退する地域経済を再生し，成長させていくための「経済政策の顔」である。地域の経済循環を考えれば，その地域の人口減少が進んでいけば，需要が減少し，そのため経済は衰退していく。一方，その地域の人口減少が進んだとしても，地域にとって「外需」（地域外からの需要，海外からの需要）が増加すれば，その地域の経済は成長していくことができるかもしれない。地域にとっての「内需」と「外需」をつなげていくことで，その地域の経済循環はスパイラルアップ的に成長していくことも可能であろう。その仕組みをどのように作っていくかということが大きなポイントとなる。

　そこで，地域経済の生産性を高めていくことが必要になる。そのためには，企業の収益率を増加させるためのバランスシートの改善も必要であると考えられる。地域経済を持続させていくためには必要な選択である。将来的な人口減少，少子化，高齢化，グローバル化の進展，さらには国の財政状況，日本経済全体の成長率の問題を考えれば，地域経済が独自に持続可能であることが必要である。

2-2　アベノミクスの成果は地方経済に波及しているか

　ここで，都道府県別の名目賃金の状況を確認してみる。**図2-1**は，2012年12月から2015年3月までの都道府県別の平均名目賃金指数を算出[1]したもので

---

1)　算出方法は，まず厚生労働省「毎月勤労統計（地方調査）」に基づき，第2次安倍政権が発足した2012年12月からWEBページで掲載されている最新のデータである2015年3月までの「所定給与」

第 2 章　地方創生という経済政策：ローカルアベノミクスという鎹　　　39

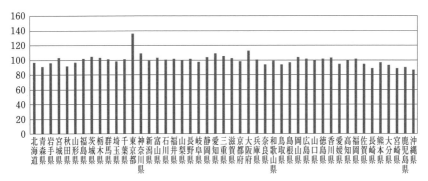

図 2 - 1　都道府県別の平均名目賃金指数（2012年12月～2015年 3 月）
出所：厚生労働省「毎月勤労統計（地方調査）」（「所定給与」）に基づき，筆者算出。

ある。

　平均名目賃金指数の上位 5 都府県は，上位から東京都（135.99），大阪府（112.83），愛知県（109.5），神奈川県（109.46），三重県（105.8）で，首都圏，関西圏，中京圏などの都市部の地域となった。一方，下位県は，最下位から沖縄県（86.89），宮崎県（88.70），長崎県（88.87），鹿児島県（90.55），青森県（90.98）と多くは九州地方の県が占めることになった。このように平均名目賃金指数を算出し，確認すると，都市部の名目賃金指数は相対的に高いが，地方部（とりわけ九州地方や東北地方）の名目賃金指数は相対的に低いことがわかった。一方，地域間の消費者物価指数の動きは，どのようになっているだろうか。**図 2 - 2** では，名目賃金指数が相対的に高かった関東大都市圏と，相対的に低かった九州地方の消費者物価指数を比較している。

　第 2 次安倍政権がスタートした2012年12月以降，多くの期間で，消費者物価指数（食料（酒類を除く）及びエネルギーを除く総合）は，九州地方の方が相対的に高いことがわかる。また2014年の 1 年間については，消費税の税率引き上げ効果が反映されていることもわかる。物価は九州地方の方が相対的に高く，

を抽出した。次に，各都道府県の「所定給与」の全国平均値を求め，全国平均値と各都道府県の所定給与を比較することで，各月の各都道府県の名目賃金指数を算出した。そして各月の名目賃金指数に基づき，2012年12月から2015年 3 月までの平均値を求める，という方法で算出した。

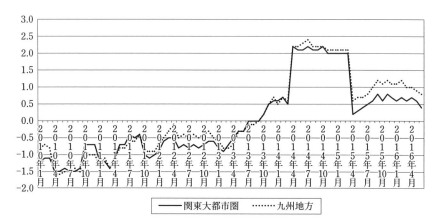

図 2-2 消費者物価指数（関東大都市圏・九州地方）の推移
出所：総務省「消費者物価指数」（2010年基準，食料（酒類を除く）及びエネルギーを除く総合，前年同月比）に基づき，筆者作成。

名目賃金指数は相対的に低いという「逆転現象」が起きている。つまり，地方部は都市部より，物価は高くなっているが，相対的に，名目賃金は低く，生活が厳しくなっていくという状況であることがわかる。このような状況から「アベノミクス」は，地方部に対し，物価上昇という点では波及しているが，名目賃金の上昇という点では波及されていないため，地方経済は苦しくなってしまているということが言える。そこで，地方部の経済を立て直すために，物価上昇率を上回る名目賃金の上昇率を達成していくことがローカルアベノミクスとして求められ，経済政策としての「地方創生」のニーズが高まり，地方創生の政策環境が形成されたのである。

次に，都道府県別の雇用の状況を見てみよう。**図 2-3** は，都道府県別の2012年12月と2016年8月の求人数を比較したものである。山形県を除くすべての都道府県において，2012年12月に比べ，2016年8月の求人数は増加していることがわかる。とりわけ沖縄県の増加比率は高く，1.8倍となっている。この他，埼玉県，山梨県，鳥取県，福岡県，熊本県，宮崎県が1.4倍を超える求人数の増加となっている。有効求人数を確認すると，地方部の企業も求人を増加

第2章 地方創生という経済政策：ローカルアベノミクスという鋑　41

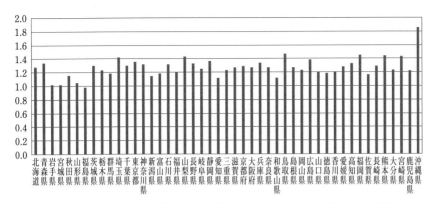

図2-3　都道府県別の有効求人数の増加率（2012年12月と2016年8月の比較）
出所：厚生労働省「一般職業紹介状況」（含パート）に基づき，筆者作成。

させる傾向であり，景気が上向いていると理解することができる。

　さらに，卸売業・小売業の状況を確認するために，経済産業省の平成26年「商業統計」の結果に基づき，都道府県別の年間商品販売額を確認する。現在，流通業界の再編が進んでいる。例えば，セブン＆アイホールディングスは，イトーヨーカ堂や百貨店の不採算店舗を閉鎖したり，エイチ・ツー・オーリテイリングと資本業務提携を締結し，関西地域のそごうや西武百貨店をエイチ・ツー・オーリテイリングに移譲したりすることが進められている。

　年間商品販売額を単純に都道府県別に比較すれば，東京都が最も高い。そして首都圏，中京圏，関西圏，さらには政令指定都市などでは，相対的に年間商品販売額は大きくなる。そこで，年間商品販売額を従業員数で割り，従業員1人当たりの年間商品販売数を求めるとともに，1事業所当たりの年間商品販売数を求めることで，都道府県別の比較を行いやすいようにした。また，都道府県別の1従業員当たりの年間商品販売額と1事業所当たりの年間商品販売数を2012年と2014年の比較をしたものが，**図2-4**と**図2-5**である。つまり，プラスであれば，2012年から2014年の2年間で，それぞれの年間商品販売額が増加しており，マイナスであれば，減少しているということになる。

　図2-4と**図2-5**からは，1従業員当たりの年間商品販売額や1事業所当た

42　第1部　経済政策と地方創生

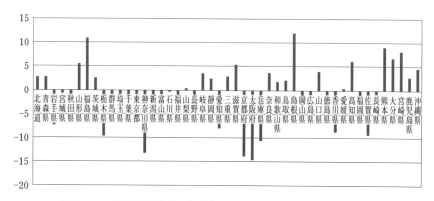

図2-4　1従業員当たりの年間商品販売額の推移（2012年と2014年）
出所：経済産業省「商業統計」（平成26年）に基づき，筆者作成。

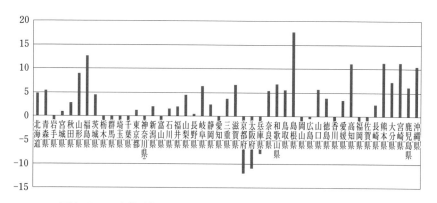

図2-5　1事業所当たりの年間商品販売額の変化（2012年と2014年）
出所：経済産業省「商業統計」（平成26年）に基づき，筆者作成。

りの年間商品販売額は，都市部では減少しており，地方部では増加していることがわかる。これを散布図で表すと**図2-6**となる。

図2-6の散布図からは，2012年から2014年の変化を見ると，1従業員当たりの年間商品販売額や1事業所当たりの年間商品販売額が共に増加している地域（第1象限），共に減少している地域（第2象限），1従業員当たりの年間商品販売額は減少しているが，1事業所当たりの年間商品販売額は増加している

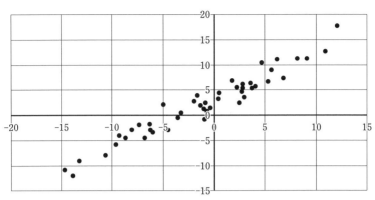

図2-6　1従業員当たり及び1事業所当たりの年間商品販売額の変化（2012年と2014年）
出所：経済産業省「商業統計」（平成26年）に基づき，筆者作成。

地域（第3象限）に分かれ，1従業員当たりの年間商品販売額が増加しており，1事業所当たりの年間商品販売額は減少している地域（第4象限）に当てはまる地域はない。

第2象限には，埼玉県，千葉県，神奈川県，愛知県，京都府，大阪府，兵庫県，広島県，福岡県などの都市部の府県が属している。また第3象限には東京都や宮城県が属している。2012年と2014年の変化では，都市部では1従業員当たりの年間販売額は減少していることがわかる[2]。

2-3　地域経済の競争力の源泉

ここまで，アベノミクス以降の地域経済の状況を見てきた。物価上昇率と名目賃金上昇率のギャップは地方経済の方が大きく，地域経済の政策としては，名目賃金を上昇させていくことが必要であることがわかった。また，卸売業・小売業の「年間商品販売額」を見れば，都市部の経済も消費量の増加などを促

---

2) ここで，従業員数と売上高の変化を見てみると，都市部では従業員数は増加しているが，売上高は減少していることがわかる。そのため，従業員1人当たりの売上高も減少している。都市部における卸売・小売業の不振が見て取れる結果となった。

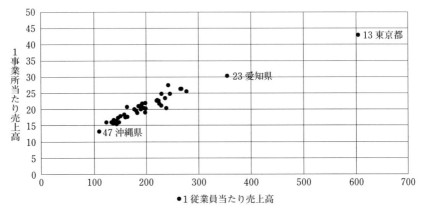

図2-7　1従業員当たり及び1事業所当たりの売上高
出所：経済産業省「経済センサス」（平成26年）に基づき，筆者作成。

していくことが必要であることがわかった。

　ここで経済産業省の平成26年「経済センサス」のデータに基づき，都道府県ごとの全産業の1従業員当たりの売上高と1事業所当たりの売上高を算出し，散布図を作成することで，地域の競争力の状況を確認してみる。

　図2-7から，東京都や愛知県は，1従業員当たりの売上高と1事業所当たりの売上高が，他の道府県と比べて大きいことがわかる。特に，東京都が突出している。また，その他の道府県は，大きく固まっていることがわかる。ローカルアベノミクスを考えていく上で，こうした地域の競争力の違いを認識しておくことは大きな意味がある。

　地域経済の構造改革とは，地域経済の競争力を高めていくための「仕組みづくり」を進めていくということである。例えば，DMO（Destination Management/Marketing Organization）の創設，地域中核企業の支援などのローカルアベノミクスのメニューの概念には，競争力の源泉となる「ネットワーク化」の考え方がある。それは地域内での企業や事業者のネットワーク化を進め，そのネットワークを通じた相乗効果を生み出し，地域全体の競争力を高めていくというものである。

第2章　地方創生という経済政策：ローカルアベノミクスという鎹

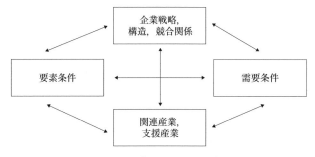

図2-8　ダイヤモンドモデル
出所：ポーター（1999），p.13，図1-1を引用。

　ここで，こうした政策思想の原点にもなり得る国の競争力，地域の競争力の考え方について，ハーバード大学のマイケル・ポーター教授が提唱する「ダイヤモンドモデル」や「クラスター」の考え方を確認してみよう。「ダイヤモンドモデル」とは，**図2-8**のように，国の競争優位性をもたらす源泉として，①要素条件，②需要条件，③関連産業・支援産業，④企業戦略・構造・競合環境の4つの要因が，個別にまたは，相互作用を働かせながら，ひとつのシステムとしてダイヤモンドを構成しているというモデルである。

　これらの要因について，具体的にPoter（1990）は，次のように説明している。まず要素条件とは「熟練労働者やインフラストラクチャーなど，任意の産業で競争するのに必要な生産要素に関するポジションを示す」（邦訳 p.12）ものである。次に需要条件とは「その産業の製品やサービスに対する国内市場の需要の性質を示す」（邦訳 p.12）ものであり，関連産業・支援産業とは「国際的な競争力を持つ供給産業とその他の関連産業が国内に存在するか否かを示す」（邦訳 p.12）ものである。そして企業戦略・構造・競合関係とは「企業の設立・組織・経営や，国内での競合関係の性質を左右する国内の条件を示す」（邦訳 p.12）ものとしている。

　またPoter（1990）では，こうした要因のダイヤモンドはクラスター形成の環境を作り上げていくことを，次のように示唆している。少し長文になるが，引用をしてみたい。「ダイヤモンドは，競争力のある産業の集積を促すような

環境を作り上げる。競争力のある産業が国内経済のなかにバラバラに散らばっているのではなく，通常は垂直的な関係（買い手と売り手）や水平的な関係（顧客，技術，流通チャンネルの共通性）によって互いに連携している。また，物理的な意味でもクラスターが散在していることは少なく，地理的に集中する傾向が見られる。ある産業に競争力があれば，他にも競争力のある産業を生み出すのに役立ち，相互に強化し合うプロセスが生じる。」（邦訳 p.31）

さらに，Poter（1990）では，次のような示唆もしている。「いったんクラスターが形成されると，産業グループ全体が互いに支え合うようになる。そのメリットは前方・後方，そして水平方向にも生じてくる。」（邦訳 p.31）その結果として，クラスター内の他の産業とも相互作用が働き，クラスターのグレードアップが加速したり，イノベーションが起きたりすることが示唆される。

こうしたクラスターの規模は，国の規模，地域の規模によっても異なるだろう。国単位で言えば，小さな規模の国は，1社がクラスターの中核企業となり，一国の経済を下支えするケースもある。一方，大きな規模の国は，複数の中核企業がそれぞれクラスターを形成しているケースもある。

「地方創生」においても，同じような議論ができるはずである。つまり，地域の経済規模にもよるが，地域に中核企業が存在し，その中核企業がクラスターを形成していくことで，その地域の経済を支えるとともに，その競争力の源泉になりうると考えられる。こうした発想は，山田（2016）が，これまでの産業立地政策の特徴を整理した上で，地域経済問題に対応する地方創生戦略が，いわゆる「産業クラスター」の議論の中に位置付けられることを示唆しているように，ローカルアベノミクスの基本的な考え方になっている。

さて，ここで言われている「クラスター」とは，どのような概念なのであろうか。Poter（1998）は，「クラスターとは，ある特定の分野に属し，相互に関連した，企業と機関からなる地理的に近接した集団である」（邦訳 p.70）と定義し，クラスターの地理的な広がりについては，「一都市のみの小さなものから，国全体，あるいは隣接数か国のネットワークにまで及ぶ場合がある」（邦訳 p.70）としている。また，「クラスターは，直接にはダイヤモンドの一角を

占めるにすぎない（関連・支援産業）。だが，実際は，クラスターはダイヤモンドの4つの要素の相互作用を示したものとして考えるのがベストである。」（邦訳 p.81）とも指摘する。

　日本の産業クラスターについては，石倉他（2003）が詳しい。石倉他（2003）では，従来型の地域振興策とクラスター政策の違いについて，①対象の選択，②集積から期待される効果，③集積の範囲，④継続性，⑤ユニークな特色の4点で説明する。例えば，対象の選択という点では，「地域や産業分野を省庁が指定する政策ではなく，地域が自らポテンシャルのある分野を見出し，自主的に参加する形式をとっている。」（石倉他 2003, p.36）と指摘する。集積から期待される効果では，「効率を前提として，いかに新しい付加価値を創造するか，価値の大きな製品やサービスを生み出すか，にある」とし，集積の範囲は「バリュー・チェーン全体を包括する」と指摘している。さらに，継続性では「少なくとも5年計画くらいにわたる長期的な取り組みを考える必要がある」としている。またユニークな特色としては，「すべてに「平等」という「ふるさと創生」ではなく，何が強いかを見極め，強みや他と違う「差別化」のポイントを見出すところに鍵がある」としている。

　つまり，「クラスター」は，単に集積の効果から費用を効率化し，削減していくだけではなく，関連する企業や機関をネットワークで結合していくことで，シナジーを働かせ，新たな付加価値を創造するプラットフォームであると考えられる。こうしたプラットフォームが，地域の競争力の源泉となり，強みを活かした「差別化」を作り出していくのである。ローカルアベノミクスのメニューでは，例えば，地域のブランド化や観光といった分野において，DMOのアイディアも検討されている。DMOは，地域ブランドや観光に関わる企業，機関，団体がプラットフォームを形成し，地域のブランド化を推進し，また観光戦略を立案し，実行する取り組みであり，米国のナパバレーの事例が参考になる。これもひとつのクラスターと呼べる。

2-4　クラスター形成と地域中核企業支援

　人口減少が進展していけば，国内の需要が減少するとともに，供給面においても人手不足が生じる。つまり需要面でも供給面でも市場の縮小が始まっていく。需要面については，販路を海外に拡大させたり，インバウンドによる消費を拡大させたりすることにより，需要を維持していくことは可能であるかもしれない。供給面については，移民の受け入れなど，やはり海外に人材を求めることが必要であるかもしれない。つまり，地域経済はグローバル化の流れの中で，「グローバル」と「ローカル」がダイレクトに結びついていく時代がやってくるだろう。

　地域経済において，労働力不足（労働需要の過剰）が続けば，求人を出す企業は，より高い賃金で求人を出していく必要がある。もちろん，この現象は，地方部の名目賃金を上昇させるので，一定の効果は期待できる。しかし，地域企業の体力は，その賃金率の上昇に耐えられるであろうか。つまり，賃金率を高めていくためには，地域企業の収益率を同時に高めていく必要があり，そのためには地域企業の生産性を高めていく必要もある。

　「ローカルアベノミクス」の政策ターゲットは，地域企業の収益性を高めることに主眼が置かれる。ローカルアベノミクスは，①ローカルイノベーション，②ローカルブランディング，③ローカルサービス生産性の向上が構成要素となっている。この中で，クラスターの概念は，重要な考え方として位置付けられる。とりわけ，クラスターにおける地域中核企業の概念は，ローカルアベノミクスの取り組みの中でも核となる概念になる。

　山田（2016）によれば，地域中核企業支援の理論的な根拠は，東京大学の坂田一郎教授が提唱する「コネクターハブ企業」の議論であることが説明される。「コネクターハブ企業」とは，2014年度の中小企業白書では，「地域の中で取引が集中しており（取引関係の中心となっているハブの機能），地域外とも取引を行っている（他地域と取引をつなげているコネクター機能）企業」と定義し，

簡潔に言えば,地域の中で,多くの仕入れを行い,地域外に販売を行っている企業,すなわち,地域外から売上を稼いできて,地域内での取引を通じて,その売上を地域内に循環させているような企業であると言える。

このような地域中核企業を,文字どおり「核」としながら,ローカルアベノミクスでは,山田(2016)は,「従来産業クラスター計画の名の下に実施されてきた支援策は,コネクターハブの理論によって地域中核企業支援という枠組みに再編成され,国においては従来とほぼ同一の支援メニューが展開されるようになった。地方自治体においても,地方創生のコンテクストにおいて地域中核企業支援が可能になった」と説明している。

地域中核企業の特定は,政府が公表している RESAS(地域経済分析システム)を活用すれば,可能である。各地域の地域中核企業を特定するとともに,取引ネットワークを明らかにすることで,その地域に存在する潜在的なクラスターなり,プラットフォームが見えてくる。また,そのクラスターなり,プラットフォームでの課題,地域間のネットワークの関係性を確認していくことで,そのクラスターが「稼ぐ力」を高めていくためには,どのような支援が必要か,ということを検討することができるようになる。さらに,そうした地域中核企業の収益力を高めるために必要な資源を持つ,大学・研究機関,企業等との連携のコーディネートやマッチングを通じて,支援を行っていくという方法も考えられる。さらには,そうしたクラスターやプラットフォームの中で,新たなビジネスモデルや特許等を開発するための助成制度なども有効な支援策になりうるだろう。

さらに地域中核企業を「核」とした地域経済のネットワーク化は,「N次産業システム」という捉え方からも有効であると言える。細野(2016)は,N次産業システムの意味を次のように説明している。「特筆すべき産業はなくとも,お互いに個性的な持ち味を出し合い,リンケージを保ち,結果として大きなパフォーマンスが実現できるような産業構造であること。」

そして細野(2016)では,ハーフィンダール指数と成長率がマイナスの関係になること,地域別に昼間人口規模別のグループごとに,多様性指数(ハーフ

ィンダール指数の逆数）が生産年齢人口当たりの課税対象所得に与える影響を計測してみると，多様性があるほど，1人当たりの課税所得の水準を上昇させることを示し，N次産業システムの有効性を説明している。

　また，細野（2016）では，次のような指摘を行い，地域中核企業の有効性についても示唆を提供している。「多様性は他の産業とのリンケージが強くなることと多少他産業と領域が「かぶる」ことから，相互の了解相乗的効果が実現しやすくなることで生まれる。その際に要となる産業の存在が必須であることも指摘したい。」

　ローカルアベノミクスの政策ターゲットが地域経済の競争力を高めていくことであるとすれば，地域経済のネットワーク化を進め，地域の核となる産業を中核とした産業間のネットワークを構築していくことが重要であると言える。そこで考えなければいけないのは，ネットワークの「コーディネーター」役である。ネットワークの効果を高めるためには，産業間もしくは企業間において適切なネットワークの組み合わせ（マッチング）を行っていく必要がある。コーディネーターが存在しない場合は，リンケージしていく相手を探すための費用が発生し，また相手が見つかったとしても取引費用がかかり，必ずしも効率的ではない場合もある。経済的な効率性を高めていくためには，こうした費用を提言していくために，コーディネート機能，マッチング機能を，地域経済のネットワークの中で持つことが必要である。その役割が，行政であり，金融機関であると言える。

　地方創生の流れの中で，金融庁の金融機関に対する行政方針も転換してきている。金融庁が2015年9月18日に公表した「金融行政方針」では，金融機関の地方創生における取り組みについて，次のような方針転換を促している。

　「担保・保証に依存する融資姿勢を改め，取引先企業の事業の内容や成長可能性等を適切に評価（事業性評価）し，融資や本業支援等を通じて，地域産業・企業の生産性向上や円滑な新陳代謝の促進を図り，地方創生に貢献していくことが期待される。」

　この意味は，地方銀行等の金融機関は，取引先企業への融資や本業支援等を

通じて，地域経済に積極的に関与していくことを求めるものである。積極的に関与していくためには，取引先への提案力等も高めていく必要がある。AI（Artificial Intelligence：人工知能）技術の進展に伴い，融資判断はAIに委ねていくことが可能であるかもしれない。またFintechやブロックチェーンのような情報技術の進化に伴い，金融業そのものがイノベーションをしていくことが予測される。しかしながら，取引先企業の潜在的な価値，もしくは他産業企業，大学等の研究機関との連携を通じて，取引先の生産性を向上させたり，収益性を向上させたりするような提案業務は，AIではなく，やはり人間の「目利き力」と「コーディネート力」が必要とされる。金融庁が示した方針は，地方創生の取り組みを強く後押しするばかりか，金融機関の業務内容の転換を促すものであると理解できる。

　金融庁は，地方創生の取り組みを後押ししていくための方策として，(1)金融仲介機能の質の改善に向けた取り組み，(2)地方創生に向けた金融仲介の取り組みに関する評価に係る多様なベンチマークの検討，(3)事業性評価及びそれに基づく解決策の提案・実行支援といった取り組みを具体的な重点施策として挙げている。

　さらに，2016年2月に日本銀行が行った「マイナス金利政策」も，地方創生を大きく後押しすることになる要因となる。マイナス金利とは，簡単に言えば，各金融機関が日本銀行に持つ口座にマイナスの金利が付されることである。いわば民間の金融機関への「課税」という意味を持つ。この課税の影響によって，金融機関の収益率は低下していく。金融機関としては，できるだけ資金を貸し付けていき，この「課税」の影響を緩和していくことが必要になる。その結果，理論上は，市中の貨幣供給量を増加させることにつながる融資を通じて，民間経済主体の投資が増加していくことで，経済にも良い影響を与えていく可能性がある。これによって，経済成長で得た果実が，地域経済に行き渡らせていくことが可能になると言える。つまり，マイナス金利政策は，民間の金融機関に対し，「ムチ」を用意することで，滞りがちな血液（貨幣供給）の流れを潤滑な流れに変えていくための政策であると言える。

ここで金融機関としては，資金の貸付先や貸付額を増やしていくことになる。しかしながら，単に貸付先や貸付額を増加させていったところで，その貸付金が「不良債権」となり，回収不能になってしまえば，その金融機関の収益率を引き下げることになる。そこで，融資先である地域企業の収益性が一定以上担保されなければならないし，金融機関にとっては，自身の収益率を高めるような融資をしていかなければならない。そこで，金融機関が事業評価力と提案力を高めながら，地域経済の生産性を高めていくことが，やはり求められるのである。マイナス金利政策は，地域経済に改善を促すという意味で地方創生を後押しするが，一方で金融機関に「ルビコン河」を渡らせられるほど強いインパクトを与え，追い込むものである。マイナス金利政策を進めていくためには，投資環境を整えていくための規制改革が同時に不可欠である。

つまり，金融機関にとっては，マイナス金利政策と金融庁の「金融行政方針」という政策環境の変化の中で，地域経済の生産性を高めていくことに貢献していくことが求められると言える。そこで，金融機関は，自身が持つ地域経済におけるネットワークを活用しながら，地域経済のコーディネーションの役割を果たしていくことになる。

2-5　地域経済の競争力を高めるには

地域の競争力を高めていくためには，いわゆる「競争の戦略」が必要になる。競争の戦略と言えば，ハーバード大学のマイケル・ポーター教授が有名であるが，近年，オハイオ州立大学のジェイ・B・バーニー教授の議論も注目されている。ポーター教授の競争の戦略は，いわゆる「ファイブフォース分析」を通じて，「差別化」，「コストリーダーシップ戦略」，「集中戦略」と，外部の競争環境に目を向けながら，自分たちに有利になるポジショニングを確保していく戦略であると言える。一方，バーニー教授の議論は，自分たちが持つ資源について，その「経済価値 (Value)」，「稀少価値 (Rarity)」，「模倣困難性 (Inimitability)」，「組織 (Organization)」」に注目する資源ベース理論である。つ

まり，バーニー教授の議論は，内部要因に目を向け，ポーター教授の議論は，外部要因に目を向けるという点で違いがあると言える。

　これらの議論は，ポーター教授の立場かバーニー教授の立場かというように，二元論として論じていくのではなく，その両方を把握し，それを組み合わせて，戦略を策定していくことが必要である[3]。

　地域やクラスター間の競争があるとすれば，地域やクラスターとしての外部の競争環境に目を向けながら，他の地域やクラスターとの差別化を図り，有利なポジションを得ていくことが必要である。一方で，地域やクラスター内にある資源にも目を向けて，その価値を高めていくようなイノベーションを同時に進めていく必要がある。そのイノベーションが，外部の競争環境の変化を促すかもしれないし，逆に，外部の競争環境の変化が，内部資源のイノベーションのきっかけになるかもしれない。

　地域の競争力を高めるためには，外部から，いかにヒト，モノ，カネ，アイディア等を取り込んでいくかという視点も必要である。もちろん，地域やクラスター内で研究開発を進め，新たなビジネスモデルやアイディアを開発していくことも可能ではあるが，一方で，「時間を買う」ことも必要である。また，新たな成長のための資金を調達していく必要があるし，人口減少の中で，安定的に人手を確保していく必要もある。そこで，他社や他地域が持つ資源とマッチングをしていくためのコーディネート機能が必要になる。さらに，資金調達で言えば，ファンドの役割も大きい。いわゆる地域の競争力を高めていくような「触媒」なり「ケイパビリティ」を，地域やクラスター内にどのように取り入れていくかということも考えていかなければならない。

　「地方創生」を「ローカルアベノミクス」という言葉に変換させると，地方創生の顔には，アベノミクスを地方経済に行き届かせるための役割と地域経済の持続的な競争力を高めるという側面がある。地方創生の取り組みを単なる「バラマキ」にならないようにするためには，地域の潜在的な価値を活用しな

---

[3]　矢尾板・野坂（2015）では，ポーター教授とバーニー教授の理論を組み合わせ，地域経済の活性化のための戦略策定のモデルを検討し，2015年9月の日本計画行政学会で報告した。

2-6　課題は「供給制約」

　地方創生は，アベノミクスの成果を地方経済に波及させるための「ブリッジ」もしくは「鎹」の役割を果たすと言える。その中で，本章で検討してきたのは，「需要」ではなく，「供給」サイドの問題である。アベノミクスというマクロ経済政策を通じて，需要が高まったとしても，供給サイドに問題があれば，経済の再生，もしくは成長は難しい。仮に需要が喚起されたとしても，供給制約が存在すれば，供給力を超える需要を生み出すことは，中長期的には難しい。需要と供給のバランスの中で，需要を押し下げる圧力がかかり，需要が減少していくことも考えられる。

　地方創生で考えていくべきことは，供給制約の問題である。必要となるのは，潜在的な供給力を効率的に活用することと，その潜在的な供給力そのものを成長させていくことである。もちろん，人口減少や高齢化が進展するなかで，潜在的な供給制約が強くなっていく可能性がある。そこで，労働生産性を高めたり，資本効率性を高めたり，技術力を高めたりすることで，労働力人口の減少を補い，また新たな成長に結びつけていく必要がある。

　地域経済に限定される論点ではないが，供給制約の問題については，労働市場の問題を考えておく必要がある。川本明教授は，次のように指摘をしている。「労働需給がタイトになってきているのにもかかわらず賃金の上昇が鈍く，インフレ目標がシナリオ通り達成できないのも，労働市場改革の遅れが影響している」[4]。また，川本教授は，次のようにも述べる。「労働の供給制約を取り除くためには，保育サービス事業への参入障壁の撤廃や，配偶者控除の廃止を迅速に実現すべきだ。」さらに，「成長戦略の本丸は，供給制約となっている規制の撤廃・緩和である。例えば，企業の農地取得の制限を緩和すれば，事業拡大

---

[4]　『日本経済新聞』2016年7月13日付け朝刊経済教室「検証・成長戦略（上）「供給」側の制約解消を」。

意欲を持ち，雇用能力のある企業が農業にもっと参入できる。」

　こうした見解は，日本経済全体の話だけではなく，地域経済にも言えることであろう。川本教授も指摘をしているが，待機児童問題は保育ニーズの高い世帯の労働供給の制約条件となっている。介護離職の問題も同様であろう。そこで，待機児童問題や介護離職問題への対応は，それぞれの地域での供給制約を緩和させることができ，そこに政策資源を投入することは，合理的な選択である。また，規制改革を進めていくことも，地域経済にとって，供給制約を緩和させる効果が期待できる。

　次に地域企業の収益性を向上させるための方法を考えてみよう。地域企業の収益性を向上させるためには，地域企業のバランスシートの改善，企業統治（コーポレートガバナンス）改革の徹底が必要である。

　すでに，金融機関は，金融庁の行政方針の転換により，地域企業，地元企業の収益性を高めることが求められ，地方銀行が産学連携の枠組み等も含めた事業提案を融資先企業に行っている事例もある。地方創生の取り組みが進展していくなかで，地方銀行の重要性はさらに高まっていくだろう。また，地域再生，地域企業の成長を促す「ファンド」の存在やそのスキームも重要な役割を担う。すでに株式会社地域活性化支援機構が地域活性化や事業再生のスキームを提供しているが，地域単位で，地方創生，地域産業や地域企業の再生を支援していくためのファンドのスキーム（○○地方創生ファンド[5]）づくりを進めていくことも重要である。例えば，都道府県や市町村，地域の地方銀行，地元企業等がファンドに出資した「地方創生支援ファンド」が想定される。ファンドは，地域の中で，今後，成長が見込める企業，潜在的な成長力を持っていても，その成長力を発揮できていないような企業に出資し，ハンズオン型の支援を行っていく。また，ブランド，技術やノウハウ等の資源や資産を有していても，経営不振に陥り，廃業の危機に瀕する企業と，成長力を持つ企業とマッチングしながら，地域産業の再編を促進させるということもできるかもしれない。こう

---

[5]　○○には地域名が入る。

したスキームに，郵便貯金の資金，年金資金等からも出資することも考えられる。

　地方創生の最初の一歩は，地域企業のバランスシートを改善することである。そのためには，地方銀行や地方創生ファンドの役割が大きい。またバランスシートの改善，収益力の向上は，まさに企業統治（コーポレートガバナンス）の問題である。非上場企業，中小企業も，地方創生の文脈の中ではコーポレートガバナンスの強化を促進していくことが重要になる。ここでも地方銀行等の地域金融機関の役割は大きい。

第 2 部　人口問題，地域政策と地方創生

第3章 「地方創生」という「笛の音」＊

3-1　安倍政権の「一内閣一仕事」

　2012年末にスタートした第2次，第3次安倍政権は，日本の人口減少，少子化，高齢化の流れの通奏低音の中で，「地方創生」，「一億総活躍社会」，「働き方改革」など，毎年，内閣を改造するたびに，新たなテーマを設定し，取り組みを進めている。内閣がどのような課題をテーマにし，どの政策に集中するのか，これを明らかにすること自体は良いことであるし，政策論争の争点も設定されるという意味でも評価できる。

　「一内閣一仕事」という言葉がある。その内閣が何を最も重要なテーマとしているのか，内閣の閣僚の配置の意図は何か，そして，その内閣は，歴史的に，どのように評価されるのか，「一仕事」には，そうした言葉が込められている。

　かつて，竹下登内閣は「消費税」の創設が「一仕事」であった。宮澤喜一内閣は「政治改革」を「一仕事」にしようとしたが，経世会の分裂による政局の混乱の中で挫折した。橋本内閣は，行政改革と財政改革を含む7大改革を「一仕事」として取り組んだが，消費税率の引き上げやアジア経済危機等の影響により，参議院選挙に負け，橋本首相は志半ばで退陣した。しかしながら，橋本行革の成果は，現代日本の統治機構の基礎となり結実している。経済財政諮問

＊　本章は，矢尾板俊平（2016）「第11章：地方創生戦略における「制度」選択と政策：「集約化とネットワーク化」に基づく地域・都市デザイン」中央大学経済研究所経済政策研究部会編『経済成長と経済政策』中央大学出版部，pp.275-306に基づきながら，本書のために新たに書き下ろした。

会議の創設など，橋本行革がまいた種を最も有効に活用したのが，小泉首相であったのは歴史の因果である。その小泉内閣は，政治生命を賭して「郵政民営化」を成し遂げた。

第2次安倍政権は，当初は「アベノミクスによるデフレ脱却」が，その「一仕事」であった。その後，「地方創生」，「一億総活躍社会」，「働き方改革」と続いている。「一仕事」が積み重ねられてきている。ここで「鳥の目」で，全体を俯瞰して見てみるために，第2次，第3次安倍内閣の取り組みを総合政策として考えてみよう。

アベノミクスと地方創生は，日本経済全体と地域経済をつないでいる。一億総活躍社会と働き方改革は，人口減少の中で，いかに供給サイドの潜在力を高めるかという点でつながっている。また地方創生と一億総活躍社会も，地域づくりを進めていくための地域参画，社会参画という点でつながっている。それぞれのテーマは密接に関係し合い，また補完をし合っているのである。

しかしながら，課題もある。それは，とりわけ，内閣官房，内閣府の業務が拡大してしまっているということである。結果として，内閣官房や内閣府の行政組織の肥大化の要因となるばかりか，関係会議が設置されることにより，責任の所在が不明瞭になる可能性がある。それによって，首相や官邸のリーダーシップ，コミットメントが相対的に弱まり，結果として，政策推進力，改革実行力を低めることにつながる。

アベノミクス，地方創生，一億総活躍社会，そして働き方改革，これらをすべてつなぐのは「人口」である。この人口問題という顔こそが地方創生の旗の最初の原点となった。

3-2　マジックワードとなった「地方創生」

第2次安倍政権において，2つ目の「一仕事」として設定されたのは，「地方創生」であった。「地方創生」の背景には，地方部から都市部に若年層が流出していくことにより，人口の再生産力が低下していく，という増田レポート

の示唆[1]がある。これは，当然ながら取り組みを進めていかなければならない人口減少や高齢化問題等の人口問題であるという点では，「政策的な合理性」があった。一方で，増田レポートが出された時期や「消滅可能性都市」といった打ち出し方は，アベノミクスが地方部に浸透しきれていないことや，消費税率の引き上げを視野に入れた取り組みを実施しやすくなる[2]という点では，同時に「政治的な合理性」もある。

いわば，地方創生という「魔法の杖」は，政策的な合理性と政治的な合理性が一致し，生み出された「算術」の産物とも言える。

まず，政策的な合理性から確認していこう。これは増田寛也氏（元総務大臣，元岩手県知事）を座長とする「日本創成会議」が，2014年5月に発表したレポートから始まる。この増田レポートは，日本社会に覆いかぶさる危機を如実に，かつ，インパクトがある形で明らかにした。

とりわけ，「896」と「523」という2つの数字は，大きな衝撃を与える「マジックワード」となった。日本創成会議は，地域の出生力を考えるにあたり，20歳〜39歳までの女性の人口に着目し，2040年までの推計を行った。2040年までに，20歳〜39歳までの女性の人口が50％以下に減少し，行政サービスの提供が困難になる市区町村数，それを「消滅可能性都市」と日本創成会議は名づけたが，その市区町村数が896と全国1,799市区町村のうち，約50％の市区町村が「消滅可能性都市」になる可能性をいわば「現実」として突き付けるものとなった。また，896市区町村のうち，523市区町村は人口が1万人を下回り，消滅の可能性が高い市区町村であるとした。

これまで，地域の衰退，持続可能性の危機，このような問題は，比較的に，地方部の問題であると認識されてきた。しかし，増田レポートの896と523とい

---

[1] 並河氏はインタビューで次のように述べている。「増田さんがなぜあのタイミングで，とくに地方創生法ができた時点で考えれば，翌年には統一地方選挙もあるので，政治的にも，経済政策を完結させるための次のステップとしても，地方の問題をもう少し正面からとりあげないといけないということはあったと思います。」（並河 2015）
[2] ここでの「実施しやすくなる」という意味は，地域に資金が流れるような事業を予算化しやすくなり，また自治体にも，そうした事業を取り組むことを促すことがしやすくなったという意味である。

う数字で説明される「消滅可能性都市」という言葉がマジックワード化したのは，そのリストの中に，東京都豊島区をはじめとする都市部の市区町村，政令指定都市の区が加えられていたからである。それによって，「持続可能性の低下」は，地方部だけの問題ではなく，都市部であっても大きな課題であるということが明らかになったのである。

　なぜ，若年世代の人口が多い都市部も，将来的に「消滅可能性都市」となるのか。増田レポートでは，2つの段階で，人口減少が生じると説明する。

　第1段階では，地方部の若年層（とりわけ，20歳〜39歳までの女性）が都市部に流出していくことにより，地方部の若年層が減少していく段階である。これにより，地方部の少子化が進んでいく。この現象は，すでに地方部で起きている問題であり，この問題は，基本的には誰もが思いつく課題である。

　増田レポートのオリジナリティは，第2段階のストーリーにある。都道府県別の合計特殊出生率を比較すると，東京都の合計特殊出生率は全国で最も低い。つまり，若年層が都市部に流出した後，都市部では少子化が進んでいるので，全国的に，人口の再生産力が低下してしまう，という指摘である。

　図3-1は，2014年の都道府県別の合計特殊出生率と婚姻率を整理したものである。東京都の合計特殊出生率と婚姻率を見てみると，合計特殊出生率は，全国で最も低いが，婚姻率は全国で最も高いというギャップに気づく。

　つまり，問題を単純化すれば，増田レポートのストーリーは，次のように要約できる。第1段階では，地方部から若年層が流出（都市部にとっては，若年層が流入）するため，地方部は人口が減少するが，都市部では人口が増加する。しかし，都市部の若年層は「結婚」はするが，子どもを産む数は少ないので，少子化が進んでいく。地方部からの人口流入（供給）が続くうちは，都市部では人口は増加していくが，地方部からの人口流入（供給）が減少すれば，少子化が続いていけば，やがて都市部でも人口が減少していく，というものである。後者が，増田レポートの第2段階である。

　ここで増田レポートが示唆する対策は，大きくは2つに整理することができる。ひとつは，地方部から都市部への人口供給力を維持するために，地方部に

第3章 「地方創生」という「笛の音」   63

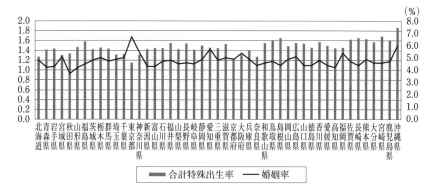

図3-1 都道府県別の合計特殊出生率と婚姻率
出所：厚生労働省『平成26年（2014年）人口動態統計（確定数）の概況』に基づき，筆者作成。

住む一定数の若年層が，地方部に留まりたいと思える魅力を，その地域自身が持つための「まちづくり」，「しごとづくり」をしていくということである。具体的には，増田レポートでは，「選択と集中」を通じて，人口ダムとなる拠点都市に，資源を投入することで，都市部ではなく，地方の中核都市への人口流出を促進することが考えられている。

都市部への人口供給力を維持するために，地方部の若年層を地方部に留めるというと，矛盾も感じるが，若年層の「選択肢」を増やすというように捉えれば良いだろう。この対策には，当然，Uターンや I ターンも含まれる。また，地方部の合計特殊出生率を高める，つまり，人口の再生産力を高めていくことが政策のターゲットになる。

もうひとつは，都市部の合計特殊出生率を高める，つまり，都市部自身の人口再生産力を高めるための取り組みである。これは，いわば，人口という点で，その供給を地方部に依存している都市部が，自立することが求められる，ということである。都市部で合計特殊出生率が低い要因には，住宅の問題，子育て環境の問題，さらには働き方（ワークライフバランス）やキャリア形成の問題など，さまざまな要因が考えられる。都市部の「地方創生」は，こうした都市部の問題を解決していくことに焦点が当てられる。地方部の「地方創生」と都

市部の「地方創生」を分けて考えた場合，実は，都市部の「地方創生」だけを考えれば，政策の「地下水脈」において，「一億総活躍社会」，「働き方改革」にもつながっているとも言える。

3-3　ふるさと創生の「幻想」と「まち・ひと・しごと創生」

　「地方創生」というと思い出される言葉がある。1988年から1989年にかけて実施された「ふるさと創生」である。約20年経過して，「ふるさと創生」という幻想が再び，目の前に現れたという感触がある。

　「ふるさと創生」は，日本経済がバブル経済の嵐が吹きすさぶなかで，竹下内閣が実施した政策であり，地域振興を目的に，各自治体に1億円ずつ，地方交付税を通じて，一律に交付されたという事業である。1億円の使用使途については，自治体が自由に決めてよいことになっていたので，自治体は，公共施設等の整備に活用したりした。

　「ふるさと創生」と現代の「地方創生」の違いは，まず時代背景が全く異なるということである。「ふるさと創生」の時代は，バブル経済の中にあり，経済的にも華やかりし時代であったと言える。人口も増加し，その人口ボーナスの恩恵も享受することができた。その中で，余剰の「再分配」政策としての側面も強かったと言える。一方で，事業の計画性や検証プロセスは弱かったと言える。

　「地方創生」は，デフレ経済や度重なる経済危機を経験し，低成長期の取り組みである。また，財政的にも，大きな制約条件が課せられ，人口は減少していく人口オーナス社会である。その中で，都市部も地方部も，地域の持続可能性を維持し，それぞれの地域が抱える課題を，主体的に解決していくための力を高めるための取り組みが求められていく。もちろん，「再分配」政策としての側面もあるが，将来に向けて，地域が生き残っていくために必要な「まち」，「ひと」，「しごと」を創り出していくための地域の「構造改革」という側面が強いと言える。また，地方創生に関連する交付金も，計画性が担保されている

事業に交付されるなど，事業の計画性を求めるとともに，KPI（Key Performance Indicator）を導入し，行政内部だけではなく，産官学労金の有識者を入れた「有識者会議」で事業の進捗状況を確認することを求めるなど，検証プロセスの担保を求めている。

　つまり，地方創生という言葉には，「ふるさと創生」の幻想を想起させるものがあるが，本質は大きく違っている。山田（2016）では，地方創生の取り組みについて，これまでの地域振興策と比較して，「地方自治体自らが創意工夫を凝らし地域振興を企画立案・遂行する主体として位置づけられている」と示唆している。

　ここで，政府の「地方創生の取り組み」について確認していこう。政府は2014年9月に「まち・ひと・しごと創生本部」を立ち上げるとともに，地方創生の取り組みを進めるための「まち・ひと・しごと創生法」を立法した。「まち・ひと・しごと創生」の意味は，「まち・ひと・しごと創生法」の第1条には，以下のように定義されている。

> 　我が国における急速な少子高齢化の進展に的確に対応し，人口の減少に歯止めをかけるとともに，東京圏への人口の過度の集中を是正し，それぞれの地域で住みよい環境を確保して，将来にわたって活力ある日本社会を維持していくためには，国民一人一人が夢や希望を持ち，潤いのある豊かな生活を安心して営むことができる地域社会の形成，地域社会を担う個性豊かで多様な人材の確保及び地域における魅力ある多様な就業の機会の創出を一体的に推進すること（第1条）

　「まち・ひと・しごと創生法」の第1条を読むと，地方創生の政策的なターゲットは，大きく分けて3つあることがわかる。第1に，人口問題である。これは，人口減少，少子化，高齢化の進展と「東京圏への人口の過度の集中を是正」することが明確に挙げられている。第2に，地域社会の持続可能性の問題である。これは「国民一人一人が夢や希望を持ち，潤いのある豊かな生活を安心して営むことができる地域社会の形成」を，地方創生の目的として挙げている。やはり，この背景にも，人口減少，少子化，高齢化の進展がある。第3に，

地域経済の成長である。地方創生戦略は，経済政策として捉えれば「ローカルアベノミクス」として位置付けられ，地域経済の生産性の向上，雇用の創出，実質賃金の向上などが，ターゲットになる。これらのターゲットに向けて，地方創生を達成していくために，「まち・ひと・しごと創生法」では，地方創生の取り組みに対する国と地方自治体の責務を明らかにするとともに，事業者に努力を促している。

　具体的には，国の責務として，国の「まち・ひと・しごと創生総合戦略」において，地方創生の目標，方向性，具体的な施策の計画を策定することを定めている。そこで，政府は2014年末に，政府の「まち・ひと・しごと創生総合戦略」を策定し，閣議決定を行っている。地方自治体は，地方創生の取り組みを実施していく責務を定められているが，都道府県や市町村の「まち・ひと・しごと創生総合戦略」を策定することが努力義務として定められている。市町村は「まち・ひと・しごと創生総合戦略」の策定においては，都道府県が策定する「まち・ひと・しごと創生総合戦略」の内容を勘案し，市町村の実情に合わせて戦略を策定することが求められている。総合戦略の内容に応じて，交付金申請を可能にするので，法律上は「努力義務」であるが，実質的には，総合戦略の策定は「義務」であると言える。また，国の総合戦略，都道府県の総合戦略，市町村の総合戦略の関係性は，まさに「三層構造」の仕組みになっている。

　ここで生じるのは，三層構造の中での相互調整について疑問である。都道府県の総合戦略と市町村の総合戦略の調整，いわば垂直的な調整は，その調整力が強すぎると，市町村の独自性が発揮されにくくなり，いわば「型通り」の「金太郎飴」になってしまう。これでは，「まち・ひと・しごと創生法」で目指している地域の実情に合わせた施策を計画することを制約しすぎてしまう可能性がある。この垂直的な調整は，あまり厳しすぎない方が良い。

　次に，市町村間の総合戦略の調整，いわば水平的な調整である。それぞれの自治体は，人口増加や人口維持を目標に，総合戦略を策定しているが，日本全体として人口減少をしていくなかで，これは「パイの奪い合い」でしかない。「パイの奪い合い」ではなく，自治体同士の連携に伴う地域の持続可能性とい

った視点で戦略を構築していくことの方が現実的ではないだろうか。

　まち・ひと・しごと創生法の中では，都道府県と市町村の役割分担が見えにくい。もちろん，役割分担を明確にしすぎてしまうことにより，都道府県と市町村が「見合って」しまい，取り組みが進まなくなってしまうリスクもある。また，いわゆるアンチ・コモンズ問題[3]が生じることも考えられる。アンチ・コモンズ問題は，権利が明確に配分されていることにより，資源の過少利用問題が生じ，経済的に非効率になるという問題である。しかしながら，役割分担が不明確であり，重複が生じることで，無駄を発生させることにより，効率性を低下させる可能性もある。そこで，まち・ひと・しごと創生法において，都道府県と市町村の役割を明確にしていく必要がある。具体的には，最終的な実施主体は市町村とし，権限と予算は市町村が持ち，市町村の裁量を通じて，取り組みを進めることができるようにする。都道府県の役割は，市町村間の調整，もしくは市町村の境界を超える圏域において，関係する市町村や民間事業者間の相互調整など，「調整役」としての役割が想定される。また，規模の経済が働くような事業については，市町村と連携しながら，都道府県が実施主体になるということも考えられる。

　つまり，都道府県が先導して，総合戦略を策定し，取り組みを実施していくのではなく，都道府県内の市町村と連携し，市町村が独自性を持った戦略を構築していくなかで，水平的な調整を図り，ゼロサムから win-win になるような戦略づくりを支援していくことが必要である。

3-4　少子化対策，「失敗のツケ」

　「地方創生」の文脈のひとつに，「人口の再生産力」の問題があることを指摘してきた。ここで，日本社会が直面する人口減少，少子化，高齢化の現状と将来の姿を確認してみよう。

---

[3]　アンチ・コモンズ問題については，Heller（1998），Heller and Eisenberg（1998），Buchanan and Yoon（2000）等を参照されたい。

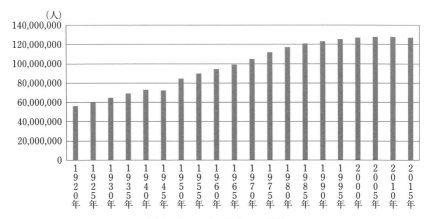

図 3-2　日本の総人口の推移
注：1945年のデータでは，沖縄県が調査されていなかったため，数値に含まれていない。
出所：「国勢調査（時系列データ）」（総務省統計局）に基づき，筆者作成。

　日本の総人口は，2008年をピークに減少が始まっている。2015年に実施された国勢調査によれば，2015年現在の日本の総人口は 1 億2711万人（外国人も含む）である。2010年時点での国勢調査では，日本の総人口は，約 1 億2806万人であったので，太平洋戦争の終戦の年である1945年を除けば，国勢調査としても初めての人口減少を示す結果となった。

　また，2015年の高齢化率は約27.0％ と，2010年の23.0％ に比べると大きく増加している。国勢調査の結果から，日本は人口減少局面に突入するとともに，高齢化が急激に進展していることが明らかになる。人口減少の要因としては，少子化の影響が考えられる。**図 3-3** では，1947年以降の出生数と合計特殊出生率の推移を示している。**図 3-3** からわかるように，いわゆる団塊世代が生まれた時期の合計特殊出生率は 4 を超えるなど，大きなインパクトを持った。次に丙午(ひのえうま)を挟み，1970年代前半に出生数は増加している。これが団塊ジュニア世代と呼ばれる第 2 のベビーブームである。しかしながら，団塊ジュニア世代以降，第 3 のベビーブームは起きておらず，出生数も減少していく。これが，現在の人口減少，高齢化に大きな「影」を落とす要因のひとつになっている。

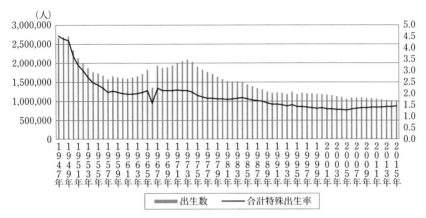

図3-3　戦後日本の出生数と合計特殊出生率
出所：厚生労働省『人口動態統計月報年計（概数）』に基づき，筆者作成。

　いま，日本が持つべき危機感は，人口減少のステージに入ったことに加え，急激な高齢化が進展しているということである。こうした人口オーナス社会においては，これまでの就労世代が年少世代と高齢世代を支えるというような「支え合い」が成り立たなくなる可能性がある。つまり，人口減少と高齢化によって，日本社会の持続可能性が危機に直面していくのである。

　2015年の国勢調査から，各歳の人口を確認すると，**図3-4**のように，団塊世代を抱える60歳代と団塊ジュニア世代を抱える40歳代が多いことがわかる。団塊世代は，すでに65歳を超え始めており，2010年から2015年の5年間の高齢化率の急激な上昇に寄与しているものと考えられる。また，今後，20年間の間に，団塊ジュニア世代も65歳を超え始めることにより，高齢化の第2の「波」が生じることが予測される。

　これは国立社会保障・人口問題研究所の将来人口推計からも読み取ることができる。日本の高齢化率は，**図3-5**で見られるように，2つの「波」がある。第1の波は，2020年頃までの急激な高齢化である。これは団塊世代が65歳以上になることによって生じる「波」である。第2の波は，2030年代後半に起きる。これは，団塊ジュニア世代が65歳以上になることによって生じる「波」である。

第2部　人口問題，地域政策と地方創生

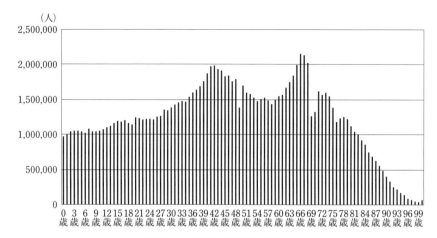

図3-4　2015年時点の各歳人口
出所：平成27年国勢調査結果（総務省統計局）に基づき，筆者作成。

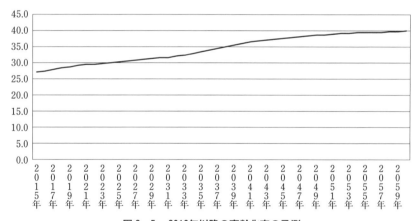

図3-5　2016年以降の高齢化率の予測
出所：2015年は平成27年国勢調査結果（総務省統計局），2016年以降は国立社会保障・人口問題研究所「日本の将来人口推計（全国）」に基づき，筆者作成。

人口問題は，短期的な政策課題ではなく，中長期的に考えなければならない政策課題である。仮に，ある年以降に，急激に出生率が上昇したところで，それが日本社会の持続可能性にとって「恩恵」をもたらすのは，少なくとも15年後である。大学進学率が50％を超えるということを考えれば，それは22年後になる。1970年代後半以降の出生数の減少，さらには，その後の日本の少子化対策の「政策の失敗」のツケは，このようにやってくるのである。

3-5　首都圏への一極集中の「現在地」

増田レポートは，地方部の若年層が都市部に流出することにより，まず地方部の「人口再生産力」が低下し，それがやがて都市部の人口減少を引き起こしていくという指摘であった。そこで，地方部から都市部に，どのぐらい多くの人口が流出しているのかを確認してみよう。

まず，2010年の国勢調査と2015年の国勢調査の結果を比較してみると，各都道府県の人口の増減率を確認することができる。図3-6を見ると，人口が増加しているのは，埼玉県，千葉県，東京都，神奈川県，愛知県，滋賀県，福岡県，沖縄県の8都県であった。この他の40道府県は減少になっている。とりわ

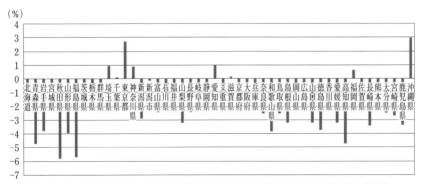

図3-6　都道府県別の人口増減率（2010年国勢調査と2015年国勢調査の比較）
出所：平成27年国勢調査結果（総務省統計局）に基づき，筆者作成。

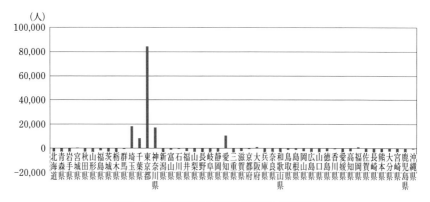

図3-7　各都道府県の転入超過数（2015年）
出所：総務省「住民基本台帳移動報告」に基づき，筆者作成。

け，青森県，秋田県，福島県，高知県の4県は4％を上回る減少率となっている。

　総務省の『住民基本台帳移動報告』を確認すると，こうした傾向は顕著である。**図3-7**は，2015年の各都道府県の転入超過数をグラフにしたものである。プラスは転入超過を表し，マイナスは転出超過を表している。最も転入超過が多かったのは，東京都で84,231人の転入超過であった。一方，転出超過が最も多いのは，北海道で8,416人，次いで茨城県の7,927人，兵庫県の7,366人が続く。また埼玉県，千葉県，神奈川県も転入超過であるが，東京都と合わせて，首都圏としての転入超過数は127,623人となる。このように人口は東京圏（首都圏）に一極集中していくと言える。

　世代別に見ると，東京都はどの世代で移動しているのであろうか。**図3-8**は，2015年の『国勢調査』に基づき，5年間の移動の状況をグラフにしたものである。まず，東京都内での移動は35歳～39歳が最も多く，次に30歳～34歳の世代が多い。そして40歳～44歳，25歳～29歳の世代が続いている。これはマイホームを購入するなど，住宅を動機とする移動であると見受けられる。

　次に他県や海外からの転入の状況を確認すると，20歳～24歳が最も多く，次に25歳～29歳，そして30歳～34歳，35歳～39歳が続く。一方，他県への転出の

第 3 章 「地方創生」という「笛の音」　　73

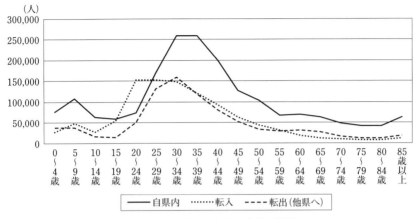

図 3-8　東京都における移動の状況
出所：平成27年国勢調査結果（総務省統計局）に基づき，筆者作成。

状況を確認すると，30歳〜34歳が最も多く，次に25歳〜29歳，そして35歳〜39歳が続いている，という状況であった。これらの結果から，移動の要因としては，仕事を求めて移動するということと，住宅を求めて移動する，ということであると推測することができる。

また，2015年の『住民基本台帳移動報告』からも東京都への転入超過の状況を，**図 3-9**で確認してみる。

東京都で転入超過数が多い世代は，最も多い世代が20〜24歳の世代で50,414人，次に25〜29歳の世代で20,669人，そして15〜19歳の世代で16,108人であった。大きくは，この3つの世代に，転入超過は集中している。

20〜24歳の世代の多くは就職であると考えられる。つまり，若年層は大学卒業時に，就職の機会に東京都に移動する。経済産業省の平成26年の『経済センサス』によると，東京都の事業所は，事業内容が不詳である事業所も含めて728,710事業所であった。これは全国比では，12.3％に相当する。また，従業員数は9,657,306人であり，全国比の15.6％を占めている。このように，日本全体の約15％の事業所が集まっている東京都の「磁力」は非常に強いものであり，その「磁力」に引き寄せられ，人口が集中するのは，必然であると言える。ま

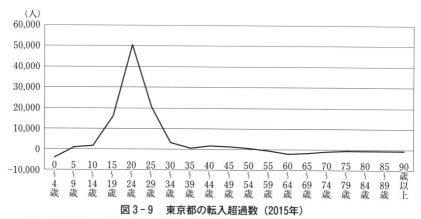
図3-9　東京都の転入超過数（2015年）
出所：総務省「住民基本台帳移動報告」に基づき，筆者作成。

た，埼玉県，千葉県，神奈川県も含めれば，事業所数は，日本全体の25.7％を占め，従業員数は29.8％を占めている。これが首都圏への一極集中の現状であり，また，一極集中の要因でもある。

　25～29歳の世代や15～19歳の世代もライフイベントに関わる移動の動機があるはずである。例えば，結婚，大学進学などである。文部科学省の「学校基本調査」（平成28年度速報）によれば，2016年5月1日時点では全国で777大学があるが，そのうちの17.76％に相当する138大学が東京都に置かれている。埼玉県，千葉県，神奈川県の大学も含めれば，223大学になり，全国比で28.7％を占める。**図3-10**は都道府県別の大学数である。

　ここで，高校生の大学進学状況を確認してみる。**図3-11**では，各都道府県の地元進学率[4]を整理している。

　地元進学率が50％を上回っている都道府県は，北海道，宮城県，東京都，愛知県，京都府，大阪府，広島県，福岡県，沖縄県であった。沖縄県を除けば，

4）　地元進学率は，文部科学省「学校基本調査」（平成28年度速報）のデータを活用し，2016年5月1日時点での出身高校の都道府県別大学入学者数から求めた。例えば，北海道の高校を卒業した学生が，どの都道府県の大学に入学したかがわかるので，北海道の高校を卒業した学生のうち，北海道の大学に入学した学生数を確認すれば，地元進学率を算出することができる。

第3章 「地方創生」という「笛の音」   75

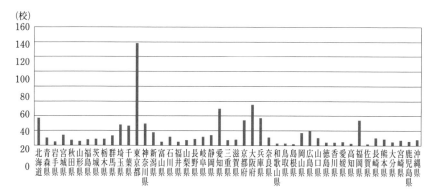

図3-10　各都道府県の大学数（2016年5月1日現在）
出所：文部科学省「学校基本調査」（平成28年度速報）に基づき，筆者作成。

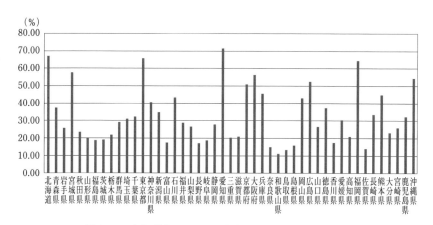

図3-11　各都道府県の地元進学率（2016年5月1日現在）
出所：文部科学省「学校基本調査」（平成28年度速報）に基づき，筆者作成。

政令指定都市を持ち，地域圏の中核となる都道府県が該当していると言える。また，都道府県別の大学数と地元進学率の相関を調べると，相関値は0.66（小数第3位以下を四捨五入）と，一定の相関関係はあることが確認できる。

次に，**図3-12**から東京都への進学率を確認する。東京都への進学率は，各都道府県における出身高校の大学進学者数のうち，東京都の大学に進学した学

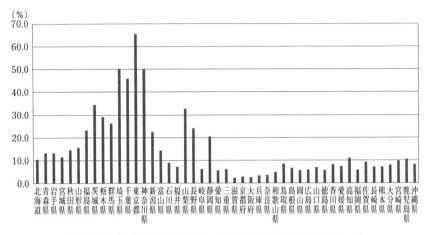

図 3-12 各都道府県の東京都への進学率(2016年 5 月 1 日現在)
出所:文部科学省「学校基本調査」(平成28年度速報)に基づき,筆者作成。

生数の割合を求めた。

東京都での地元進学を除けば,東京都への進学率が30％を超えているのは,埼玉県,神奈川県,千葉県,茨城県,山梨県の首都圏の県であり,20％を超えているのは,福島県,栃木県,群馬県,新潟県,長野県,静岡県と,東京都を中心としたおおよそ250km圏内に入ることがわかる。もちろん,東京都には全国から学生が集まってくるが,すべての道府県の学生が,東京都に最も多く進学するわけではなく,「進学圏」が存在するのである。

例えば,中京圏であれば,愛知県への進学率は,岐阜県が48.63％,三重県が38.67％となっている。関西圏であれば,大阪府への進学率は,京都府が21.37％,兵庫県が24.14％,奈良県が40.11％,和歌山県が42.28％となっている。九州圏では佐賀県が39.61％,長崎県が20.57％,大分県が25.59％となっている。(それぞれ20％を超えている府県を抽出している)。

このように,大学進学時における移動の傾向は,自分が住む都道府県が属する地域圏の「核」となる都市にある大学に進学していく傾向が見られ,大学進学時には,地域圏内で移動しているという側面が浮かび上がっている。

これは，先ほど確認した「住民基本台帳移動報告」に基づく，5歳ごとの人口移動の状況と合致する。つまり，人口移動は，少なくとも2段階で行われる傾向があるということだ。まず，大学進学時には，地域圏内の移動という傾向が強く，就職時に，地域圏を超えて，東京都や首都圏に移動していくという傾向である。こうした人口の流れを見誤ると，新たな政策の失敗を生む。

　人口の東京都への一極集中を緩和させることを考えるとすれば，人生の適切なライフイベントにおいて，人々が地域に留まるインセンティブを持てるような政策を設計していく必要がある。規制を強化して，若者が自分の進学したい大学に入学する可能性を狭めてしまうことは，少なくとも「希望」を実現する社会であるとは言えない。「希望」を実現していくためには，選択肢を少なくするのではなく，より多くの希望を持てるようにすることである。希望と一極集中の緩和を両立させるとすれば，例えば，進学時に，将来，地元に戻ることを前提にした「奨学金」の給付，もしくはJターンやIターンなどを前提にした奨学金の給付などが効果的であると言える。

3-6　地方創生の「笛の音」の先

　昔，ハーメルンの街に現れた笛吹男は，街の人々から高額の報酬を約束され，笛の音で街を苦しめたネズミを導き，対峙した。しかしながら，約束の報酬は支払われず，笛吹男は，再び，笛を奏で，その街の子どもたちをいずこへと連れ去ってしまったという。そのような伝承がある。

　いま，「地方創生」という笛の音は，人々をどこに導いていこうとしているのか。ここまで，人口問題を軸にしながら，その背景を確認してきた。

　増田レポートの趣旨は，人口減少問題に着目するなかで，地方部の出生力の低下が，地方部から都市部への流入を減少させてしまう危機感を指摘している。そのためには，地方部の出生力を向上させるために，東京都や首都圏への一極集中を緩和させることが必要であることを示唆している。しかし，東京都や首都圏への一極集中を緩和させることは，経済的な側面から見ると，どのように

見えるのだろうか。

　この点では，これまで八田（1994），八田・八代（1995），八田（2006）などの先行研究がある。こうした先行研究は，基本的には東京都や首都圏への一極集中の是非を検証し，その上で，「一極集中」をした方がメリットは大きいという結論を得ている。例えば，八田（2006）では，「フェイス・トゥ・フェイス・コンタクトを通じて得られる大都市集積の便益は就業者密度が高いほど生産性を高める効果がある」という結論を得ている。

　一極集中は，確かに社会的なコストを増加させ，その弊害も看過することはできない。例えば，通勤ラッシュや交通渋滞は，社会的コストとして考えることができる。現在の待機児童問題，今後の超高齢社会における介護資源の不足の問題も，同じように社会的コストとして考えられる。しかし，八田（2006）などの先行研究では，一極集中により発生する負の外部性，社会的なコストについて，例えば，ロードプライシングの導入，容積率の緩和などを通じて，それを緩和させることが可能であることを示唆している。人口問題として都市部への一極集中を緩和させるのか，または経済問題として，一極集中のメリットを享受し，一極集中のデメリットを緩和させるために，規制改革を進めていくのか，地方創生という政策が，人口問題と経済問題のどちらに軸足を置くかによっては，首都圏への一極集中の緩和というターゲットに矛盾をもたらすことになる。例えば，地方創生の文脈において，「首都圏への一極集中」の緩和に，強く反対する意見として，市川（2015）がある。市川（2015）も，集積効果により経済的メリットを享受していくことが，日本の経済成長には必要であることを説いている。八田（2006）では「均衡ある国土の発展」政策の弊害として，大阪の経済力の衰退を検証しており，首都圏への一極集中を緩和させることにより，首都圏の経済力をそぎ落とし，日本経済の成長力を停滞させてしまう可能性も想起することができる。

　増田レポートを「地方創生」の「教本」とし，人口の「首都圏への一極集中」を緩和させるとすれば，まず，事業所の一極集中を緩和していく必要があるだろう。しかし，現実的には，かなり困難な取り組みになる。少なくとも，

企業側の論理として，事業所を移転するとするならば，どのような環境が必要であり，どのような支援が必要なのかを丁寧に把握し，適切な支援を具体的に行っていくという政策環境を整えることから始めていかなければならない。

「均衡ある国土の発展」というキャッチフレーズは，少なくとも田中角栄内閣以降，日本の政治経済の仕組みの中で，通奏低音として共有され，「公平」「公正」という基準が暗黙の前提となって政策デザインが設計されてきた。過去の地域振興策も，国土利用計画も，その文脈で語られる。増田レポートも，その前提となる発想からは脱却をしていないと言えるのではないか。もちろん，「均衡ある国土の発展」という発想から脱却をすべきかどうかは，別の論議が必要である。

人口減少や出生力の低下の問題は，都市部の人口再生産力が低いのであれば，まず都市部の人口再生産力を高める取り組みに資源を集中させる方法もある。地方部では，地方の持続可能性を高めるための地域経済の再構築や地域の課題を解決するための仕組みづくりが必要である。人口問題というフレームから眺めることにより，問題の本質を見誤らせ，単なる「バラマキ」政策で終わる可能性がある。

第4章　大都市の地方（地域）創生と
　　　　多核ネットワーク型生活経済圏

4-1　工業（場）等制限法の亡霊

　「地方創生」の取り組みは，「地方」という言葉がついていることもあり，あたかも「地方」の問題であると捉えやすい。これは増田レポートが「地方消滅」というインパクトのある単語を使い，政府の地方創生の取り組みも「東京圏への一極集中」の緩和に焦点が当てられていることにも理由がある。
　しかし，都市部においても，さまざまな政策課題があり，都市部も例外なく，将来には人口減少，高齢化に直面していく。地方創生を，地域の持続可能性を高めていくための取り組みであると考えれば，地方創生は「地方」だけの問題ではなく，都市部の地方創生も検討していく必要がある。
　また現在の日本の経済構造が，都市部が稼ぎ手となり，再分配政策を通じて，地方部に，その成果を行き渡らせているのであれば，都市部の競争力，成長力が低下することは，地方部においても死活問題である。地方創生を進めるにあたり，都市部の競争力，成長力をそぎ落としていくことは，短期的には地方部にとってプラスになるのかもしれないが，中長期的には，地方部にとっても都市部においてもマイナスである。短期的には生きられるが，中長期的にはみんな死んでいるという状態になる。
　過去の政策においても，都市部への人口集中を緩和させるための政策が採られたことがあった。それは「工業（場）等制限法」（首都圏の既成市街地にお

ける工業等の制限に関する法律，近畿圏の既成都市区域における工場等の制限に関する法律）である。工業（場）等制限法は，首都圏と近畿圏への過度な人口集中を抑制するために，人口増加の要因と考えられる製造業の工場と大学の施設設備の新設と増設を制限するものである。これにより，首都圏や近畿圏にあった工場は，地方部や海外に移転し，それがその後の産業空洞化の遠因となったとも指摘されている。また大学のキャンパスも郊外への移転などが進んだ。

　こうした規制措置は，とりわけ大阪経済の衰退を招いた。増田（2006）[1]は，次のように指摘する。「大阪経済は，明らかに大規模工場の新増設を厳重に制限する工場等制限法によって衰退した。」具体的には，次のように指摘している。「まず，慢性的な過少投資による大阪圏域内総生産の国内総生産に対するシェアの慢性的な低下が，1970年代には始まっていた。さらに，1990年代からは，製造業労働生産性の低下を余儀なくされた。その一方で，大阪圏は製造業からサービス業主体の経済への転換においても，明らかに東京圏に後れを取った。」

　こうした規制の強化は，地方都市レベルの「ミクロ」の視点で考えれば，大都市から工場や大学が移転し，雇用が創出され，人口が増加していくため，「良い」ことかもしれない。しかし，日本経済全体という「マクロ」の視点で捉えれば，大都市の競争力が低下することにより，日本経済の競争力が低下するかもしれない。地域間の再分配ということを考えれば，「稼ぐ地域」が稼げなくなることは，結局は，「稼げていない地域」を支えることもできなくなる。短期的には「救われる」が，長期的には「救われない」ということになる。

　ここで日本の地域間格差について，1人当たり県民所得に基づいて，確認をしてみる。内閣府の『県民経済計算』のデータに基づき，1955年度以降の1人当たり県民所得について，格差の大きさを示す変動係数を求めて，時系列で整理すると，**図4-1**のようになる。

　図4-1を見ると，地域間格差は拡大したり，縮小したりしている。この要

---

1) 八田（2006）に所収。増田悦佐「第2章：「均衡ある発展」が歪めた日本経済：ポスト高度成長期の地域経済の衰退」，pp.41-84。

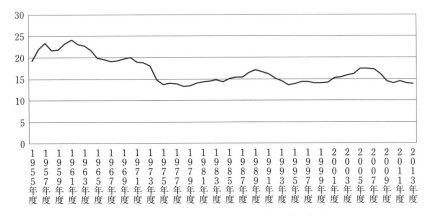

図4-1　1人当たり県民所得の変動係数の推移

注：なお，1971年度まで沖縄県のデータは反映されていない。
出所：内閣府『県民経済計算』に基づき，筆者作成。

因として考えられるのは，景気（経済の状況）との関係である。矢尾板（2010）では，地域間格差は景気状況との関係があることを示している。つまり，景気が良い時は，地域間格差が拡大し，景気が悪い時は，地域間格差が縮小する傾向がある。

　1人当たり県民所得の変動係数は，2013年度では13.89であり，これは1975年度，1978年度，1979年度，1995年度と並び，格差は小さい。また近年では，リーマンショック前の2004年度から2008年度までは，変動係数が16を上回っているが，1990年代後半以降は，変動係数の大きさは13から15の間を推移している。

　つまり，中長期的な傾向としては，日本の地域間格差は，戦後の復興期から高度経済成長期までの時期と比べれば，格差は縮小していることがわかる。これは，「均衡ある国土の発展」を掲げ，基本的な政策思想として，経済政策，地域政策が形を変えながらも続けてきたことの一定の成果ではある。「地方創生」も，その文脈にある。しかし，「均衡ある国土の発展」が，都市部の犠牲の上に成立してきたことも否定できない。

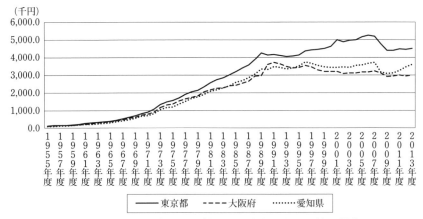

図4-2　東京都，大阪府，愛知県の1人当たり県民所得の推移
出所：内閣府『県民経済計算』に基づき，筆者作成。

　ここで都市部の成長についても確認してみる。**図4-2**では東京都，大阪府，愛知県の1人当たり県民所得の推移を表している。1990年代以前までは，東京都，大阪府，愛知県の1人当たり県民所得は成長を続けているが，1990年代以降は，その成長は鈍化していっていることがわかる。さらに**図4-3**では，1955年度を100とした時，各年度の1人当たり県民所得の変化を表しているが，その傾向は明らかであり，特に，大阪府は1990年代前半に比べて，その変化率は下回っている。

　こうした傾向は，1991年を基準にした変化を見ると，その状況が如実に表され，顕著なものとなる。**図4-4**は，バブル経済が崩壊した1991年を基準に，2003年度までの東京都，大阪府，愛知県の1人当たり県民所得の変化を整理した図である。東京都は2000年代においては，リーマンショック前までは，110％を上回る増加をしている。愛知県は2007年度までは，大きな増加はなく，2008年度から急激に，1人当たり県民所得の変化はマイナスに転じ，2013年度に再び100を上回るように推移している。2008年度以降の減少は，リーマンショックの影響が大きいことが推測される。

　一方，大阪府は1991年度以降，100を上回ることはなく，変化はマイナスと

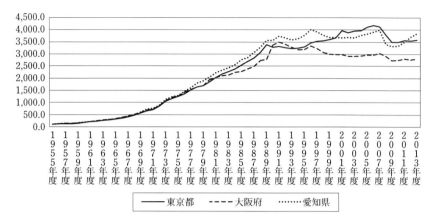

図 4-3　東京都，大阪府，愛知県の1人当たり県民所得の変化（基準：1955年度）
出所：内閣府『県民経済計算』に基づき，筆者作成。

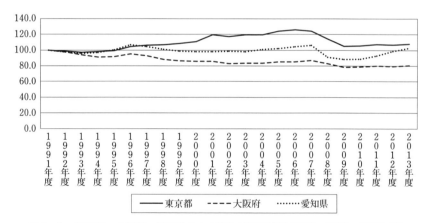

図 4-4　東京都，大阪府，愛知県の1人当たり県民所得の変化（基準：1991年度）
出所：内閣府『県民経済計算』に基づき，筆者作成。

なっている。つまり，東京都，大阪府，愛知県という3つの大都市経済を考えると，大阪府の経済が弱くなっていることがわかる。つまり，都市部の中でも，大阪府を含む近畿圏が「均衡ある国土の発展」のデメリットを引き受け，犠牲を強いられてきたと言える。

2010年と2015年の国勢調査の結果に基づき，人口動態の視点からも確認をしてみる。2015年の国勢調査の結果によれば，東京都の総人口は1,351万5,271人，愛知県の総人口は748万3,128人，大阪府の総人口は883万9,469人であった。2010年の結果と比べると，東京都は約2.7%の増加，愛知県は約0.98%の増加，大阪府は0.29%の減少であった。また京都府や兵庫県などの近畿圏もマイナスであった。一方で，明るい兆しもある。2010年の国勢調査に基づいた国立社会保障・人口問題研究所の人口推計と比較すれば，東京都と愛知県は，人口推計よりも2015年国勢調査結果よりも165,818人（東京都），12,721人（愛知県），上回っており，大阪府も31,187人，上回っていた。

しかしながら，政府の地方創生の取り組みを通じて，都市部の規制強化が進めば，都市部の経済の衰退という悪夢が蘇る可能性がある。すでに工業（場）等制限法の亡霊の影が，大学を取り巻く環境の中で見え始めている。それは大学の「定員管理の厳格化」である。

大学の定員管理の厳格化によって，大学進学時の地方部から都市部への人口移動を抑制させる効果が期待されている。これまで大学は，入学定員の1.3倍未満までは入学者を受け入れることができたが，今後は，最も厳しい基準では，入学定員の1.05倍未満までしか認められないことになる。これは大学の財務に対して，大きな負担を課す可能性がある。また受験生も，複数の大学を受験しており，合格者がすべて大学に入学してくるわけではないため，1.05倍未満に定員を抑えようとして，合格者数を抑えれば，結果として，定員割れという状態になる可能性もある。これは，大学の財務面に大きな負担を課すばかりか，結果として，受験生にとっても合格ラインが厳しくなることにより，希望の大学に進学できない可能性が高まる。

さらに「定員管理の厳格化」の動きの中で，都市部の大学は，定員の増加や学部学科の改組を通じて，実質的な「入学定員の維持・増加」を行い，対応した。その影響として懸念されるのは，都市近郊圏の中規模・小規模大学の経営の悪化である。都市部を中心とした「ドーナツ」地帯に属する中規模・小規模大学，とりわけ，すでに定員割れを起こしている大学は，「定員管理の厳格化」

への対策もとれず，地方部からの入学者の受け入れも難しくなり，都市部及び都市近郊圏の受験生が都市部の大規模大学に入学をしていけば，学生の確保が困難になる。すなわち，その大学の経営状況が必然的に悪化するのである。

　大学が地域にあれば，その地域の若者が，その地域に留まる可能性を高めるとともに，地元産業にとっても雇用の供給源にもなる。大学は，地域からの人口流出を抑制する機能を持っている。もし，都市部近郊（ドーナツ地帯）にある大学が撤退することになれば，その地域は，人口流出を抑制する機能をひとつ失うことになる。また地元産業にとっても，雇用の供給源を失うことになる。こうして，「工業（場）等制限法」の亡霊は，「地方創生」という名の下に，新たな政策の失敗を生む可能性がある。

4-2　大阪都構想と改革の蹉跌

　前節で見たような都市部の経済の衰退を，都市部は黙って手をこまねいているわけではない。東京都では，東京オリンピック・パラリンピックの招致に成功し，アジアヘッドクォーター特区に認定されるなどして，グローバルな都市間競争の中で，新たな成長の基盤づくりを進めている。

　前節で見たように，大阪経済の衰退は顕著であった。1人当たり県民所得の推移を見ても，人口動態を見ても，大阪は，東京や名古屋などの都市圏に比べて，衰退の傾向が顕著に見られる。こうしたなかで，橋下徹氏が大阪府知事，大阪市長となり，「大阪都構想」を掲げ，大改革に乗り出すのである。

　「大阪都構想」とは，橋下徹氏が，大阪府知事，大阪市長時代に，自らが代表を務めた「大阪維新の会」が実現を目指した政策[2]である。

　「大阪都構想」の本質について，上山・紀田（2015）では，以下のように説明している。「大都市・大阪では①経済力の低下，②社会問題の悪化，③自治体の問題解決能力の低下の3つの問題が絡み合い，負のスパイラルを作り出し

---

[2] 大阪都構想や橋下改革については，肯定的，批判的な立場，それぞれ多くの書籍が出版されている。例えば，上山（2012），堺屋・上山・原（2012），藤井・村上・森（2015）などがある。

てきた。」

　「大阪都構想」は，大阪経済の新たな成長を生む戦略であったと言える。大阪府と大阪市の統合が注目され，いわば行政組織の制度論に議論が集中してしまった感があるが，これらのアイディアは，改革のメニューであり，改革の手段であって，そもそも目指していた方向性は，「大阪」の再生であり，いわば大都市版の「地方創生」であると言い換えることができる。

　大阪都構想は，当初は，大阪市，堺市という2つの政令指定都市とその周辺の近隣自治体を大阪府と統合し，特別区を設置するという案であった。これにより，大阪府と政令指定都市である大阪市・堺市との二重行政による非効率性を緩和させ，一体的な地域政策を実行していくことを目指すものであった。それまで，大阪府と大阪市との関係は「府市合わせ（不幸せ）」と揶揄されるようなものであり，橋下府知事時代に，平松邦夫大阪市長時代に，水道事業の統合のための協議が進められたが，結果として実現できなかった。こうした道府県と政令指定都市との間の「二重行政」の問題は，大阪だけの問題ではない。例えば，新潟県においては新潟市との「新潟州構想」，愛知県と名古屋市との「中京都構想」など，「大阪都構想」以降，いくつかの自治体で構想された。また大都市制度として，横浜市は「特別自治市制度」に向けた取り組みを進めている。

　大阪都構想では，2013年の堺市長選挙において，「大阪都構想」に反対の意思を持つ竹山修身市長が再選されたため，まずは2015年5月に大阪市を廃止し，特別区を設置するための住民投票が行われることになった。その「特別区設置住民投票」の結果は，賛成票が694,844票，反対票が705,585票と，わずかに反対票が上回り，「大阪都構想」は大きくブレーキがかかることになった。

　住民投票の投票率は，大阪市選挙管理委員会によれば，66.83％と高く，全国的にも注目された住民投票になった。世代別に見ると，20歳代が45.18％，30歳代が60.93％，40歳代が68.64％，50歳代が74.66％，60歳代が78.18％，70歳代が78.53％，80歳代以上が55.26％と（**図4-5**），20歳代は他の世代と比べれば相対的に低いが，他の選挙の投票率は高かった。

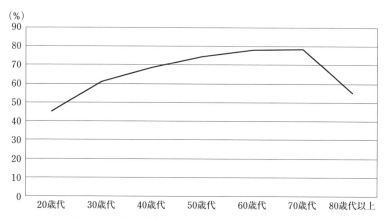

図4-5 大阪市特別区設置住民投票の世代別投票率
出所:大阪市選挙管理委員会「特別区設置住民投票・年齢別行動調査結果」に基づき,筆者作成。

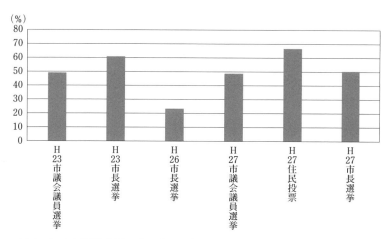

図4-6 平成23年以降の大阪市長選挙,市議会議員選挙,住民投票の投票率
出所:大阪市選挙管理委員会「選挙の記録」に基づき,筆者作成。

　2015年の住民投票は,近年の大阪市における市長選挙,市議会議員選挙の投票率と比べても高いことがわかる(**図4-6**)。これは,全国的に注目された住民投票であるとともに,大阪市を廃止するかどうかという単一の争点で,投票

表4-1 住民投票の結果（居住区域別）

(上表は人数，下表は割合)

	北区	都島区	福島区	此花区	中央区	西区	港区	大正区	天王寺区	浪速区	西淀川区	淀川区
賛成	8	5	2	6	4	3	4	2	2	3	4	5
反対	10	2	5	2	5	5	3	2	3	2	2	6
合計	18	7	7	8	9	8	7	4	5	5	6	11

	東淀川区	東成区	生野区	旭区	城東区	鶴見区	阿倍野区	住之江区	住吉区	東住吉区	平野区	西成区
賛成	8	3	5	3	4	4	1	3	3	6	3	4
反対	6	5	6	5	10	3	5	2	4	9	5	4
合計	14	8	11	8	14	7	6	5	7	15	8	8

	北区	都島区	福島区	此花区	中央区	西区	港区	大正区	天王寺区	浪速区	西淀川区	淀川区
賛成	44.4%	71.4%	28.6%	75.0%	44.4%	37.5%	57.1%	50.0%	40.0%	60.0%	66.7%	45.5%
反対	55.6%	28.6%	71.4%	25.0%	55.6%	62.5%	42.9%	50.0%	60.0%	40.0%	33.3%	54.5%

	東淀川区	東成区	生野区	旭区	城東区	鶴見区	阿倍野区	住之江区	住吉区	東住吉区	平野区	西成区
賛成	57.1%	37.5%	45.5%	37.5%	28.6%	57.1%	16.7%	60.0%	42.9%	40.0%	37.5%	50.0%
反対	42.9%	62.5%	54.5%	62.5%	71.4%	42.9%	83.3%	40.0%	57.1%	60.0%	62.5%	50.0%

出所：本書独自のインターネットモニター調査結果に基づき，筆者作成。

者の積極的な投票行動を促したことが考えられる。大阪は，2010年代前半の政治的なムーブメントの発信源であり続けたし，それは国政や他の地域にも大きな影響を与えた。

　大阪市を廃止し，特別区を設置することを問う住民投票について，その性格を知るために，本書では，独自のアンケート調査を行った。本書では，独自のインターネットモニター調査「市民生活と幸せ実感度に関するアンケート」を大阪市に在住する男女206名を対象に実施した。このモニター調査は，大きくは，以下の6問に分かれている。①居住地域，②所得や貯蓄などの経済状態について，③生活の状況について（住宅，資産，就業状況），④現在や将来の生活について感じていることについて，⑤大阪市の課題について感じること，橋下氏のリーダとしての評価，大阪市の課題，大阪都構想に賛成かどうかについて，⑥2008年以降に大阪市内で行われた選挙での投票行動（選挙に行った，選挙に行かなかった，選挙権がない／選挙が行われなかった）。

表4-2 住民投票の結果（所得額・貯蓄額別）

（それぞれ上表は人数，下表は割合）

所得額

	300万円以内	301万円~500万円	501万円~700万円	701万円~900万円	901万円~1000万円	1001万円~1200万円	1201万円~1500万円	1501万円~2000万円	3001万円以上	計
賛成	23	27	17	14	5	1	5	1	2	95
反対	37	33	21	7	5	3	3	0	2	111
計	60	60	38	21	10	4	8	1	4	206

	300万円以内	301万円~500万円	501万円~700万円	701万円~900万円	901万円~1000万円	1001万円~1200万円	1201万円~1500万円	1501万円~2000万円	3001万円以上	計
賛成	38.3%	45.0%	44.7%	66.7%	50.0%	25.0%	62.5%	100.0%	50.0%	46.1%
反対	61.7%	55.0%	55.3%	33.3%	50.0%	75.0%	37.5%	0.0%	50.0%	53.9%

貯蓄額

	300万円以内	301万円~500万円	501万円~700万円	701万円~900万円	901万円~1000万円	1001万円~1200万円	1201万円~1500万円	1501万円~2000万円	2001万円~2500万円	2501万円~3000万円	3001万円以上	計
賛成	45	14	9	2	2	4	1	3	2	2	11	95
反対	59	18	6	7	4	1	2	0	0	3	11	111
計	104	32	15	9	6	5	3	3	2	5	22	206

	300万円以内	301万円~500万円	501万円~700万円	701万円~900万円	901万円~1000万円	1001万円~1200万円	1201万円~1500万円	1501万円~2000万円	2001万円~2500万円	2501万円~3000万円	3001万円以上	計
賛成	43.3%	43.8%	60.0%	22.2%	33.3%	80.0%	33.3%	100.0%	100.0%	40.0%	50.0%	46.1%
反対	56.7%	56.3%	40.0%	77.8%	66.7%	20.0%	66.7%	0.0%	0.0%	60.0%	50.0%	53.9%

出所：本書独自のインターネットモニター調査結果に基づき，筆者作成。

　大阪市を廃止し，特別区を設置することに賛成したかどうかを居住区域別に整理すると，**表4-1**のようになった。賛成が反対を上回ったのは，都島区，此花区，港区，浪速区，西淀川区，東淀川区，鶴見区，住之江区と臨海部や北部，東部の8区である。また大正区と西成区は同数である。また，反対が賛成を上回ってはいるが，その差が10%程度であるのは，北区，中央区，淀川区，生野区の6区であった。そのうち，北区，淀川区は北部，中央区は中央部であり，生野区は東部にあたる。

第4章 大都市の地方(地域)創生と多核ネットワーク型生活経済圏

次に所得層別に整理する。賛成が反対を上回ったのは，701万円～900万円の所得層，1201万円～1500万円の所得層の2つの所得層であった。901万円～1000万円の所得層と3001万円以上の層は同数であった。また300万円以内の所得層と1001万円～1200万円の所得層では反対の割合が大きかった(**表4-2**)。

ここで所得だけではなく，貯蓄額でも確認してみる。賛成が反対を上回っているのは，501万円～700万円，1001万円～1200万円，1501万円～2000万円，2001万円～2500万円の層であり，3001万円以上は同数であった(**表4-2**)。

所得額や貯蓄額では，一定の傾向を読み取ることは難しいが，少なくとも所得額，貯蓄額が300万円以内の層には反対が多かったということがわかる。

また世代別でも整理してみる。アンケート調査結果では，50歳代と70歳から72歳の世代を除くすべての世代で反対が賛成を上回っているが，30歳代，40歳代の差は僅差である。一方，20歳代と60歳代の差が大きい。この結果も，一定の傾向を読み取ることが難しいが，30歳代から50歳代に賛成者が多かったことはわかる(**表4-3**)。

表4-3　住民投票の結果（世代別）

(上表は人数，下表は割合)

	19歳	20歳代	30歳代	40歳代	50歳代	60歳代	70～72歳
賛成	0	9	25	29	19	11	2
反対	1	17	27	31	19	15	1
合計	1	26	52	60	38	26	3

	19歳	20歳代	30歳代	40歳代	50歳代	60歳代	70～72歳
賛成	0.0%	34.6%	48.1%	48.3%	50.0%	42.3%	66.7%
反対	100.0%	65.4%	51.9%	51.7%	50.0%	57.7%	33.3%

出所：本書独自のインターネットモニター調査結果に基づき，筆者作成。

これらの結果を踏まえると，大阪市内の臨海部，北部，東部に住む有権者，30歳代，40歳代，50歳代の有権者に大阪市を廃止し，特別区を設置することに賛成した人が多く，大阪市内の南部に住む有権者，20歳代と60歳代の有権者，300万円以内の有権者に反対が多かったと考えられる。

表4-4 生活や社会に対する感じ方，大阪市政に関する調査結果

(単位：%)

	強く感じている	感じている	あまり感じていない	感じていない
現在の生活に満足感を感じていますか	3.9	43.2	39.8	13.1
あなたは今，幸せだと感じていますか	10.2	51.9	29.1	8.7
将来の生活に不安を感じていますか	29.6	47.6	18.0	4.9
あなたは，社会には格差があると感じていますか	40.3	49.0	9.2	1.5
あなたは，世代間の格差があると感じていますか	28.6	57.8	12.1	1.5
あなたは，社会への不満や理不尽さを感じていますか	30.6	49.5	18.9	1.0
あなたは，現在の大阪府政に満足していますか	2.4	27.2	52.9	17.5
あなたは，現在の大阪市政に満足していますか	1.5	25.2	54.4	18.9
あなたは，現在の大阪市議会に問題があると感じていますか	23.3	50.0	23.8	2.9
あなたは，橋下氏は，大阪の良いリーダーであったと感じていますか	25.2	38.8	19.9	16.0
大阪の経済が衰退していると感じていますか	18.9	49.5	27.7	3.9
今後，大阪が活性化するためには，大胆な改革が必要だと感じていますか	30.1	50.5	16.0	3.4

出所：本書独自のインターネットモニター調査結果に基づき，作成。

　また，このアンケート調査では，日々の生活や社会に対して感じていること，大阪市政のことについても質問を行った。その結果，ほぼ半数の回答者が，現在の生活に満足をしていないことがわかった。また77.2%の回答者が将来に不安を感じており，80%以上の回答者が社会に格差や理不尽さ，社会への不満を感じていることがわかった。特に，社会に格差があると感じている回答者は，89.3%と，ほとんどの回答者が感じている。さらに，約70%の回答者が現在の大阪府政や大阪市政に満足をしていないこともわかった。一方，68.4%の回答者が大阪の経済が衰退していると感じ，80.6%の回答者が，今後，大阪が活性化するためには，大胆な改革が必要であると感じ，73.3%の回答者が大阪市議会に問題があると感じていることがわかった。こうした傾向を見ると，現状には否定的であり，将来の不安を抱えていることから，大胆な改革が必要である

と感じていることがわかる。こうした意識が「大阪維新」を支える原動力であるのではないかと推測できる。また，64.0%の回答者が橋下徹氏が大阪の良いリーダーであったと評価していることもわかる**(表4-4)**。

ここで，大阪市の廃止に賛成し，特別区を設置することに賛成（AGREE）した理由を知るために，橋下氏への評価（EVALUATION），大阪の経済が衰退していると感じているかどうか（ECONOMY），大胆な改革の必要性（REFORM）の3点との関係について回帰分析を行ってみる。回帰分析の結果，自由度調整済み R^2 は0.335であった。なお，多重共線性の問題が考えられるが，許容度はいずれも0.6以上，VIFは2以下であった。

$$AGREE = 0.263 EVALUATION + 0.018 ECONOMY + 0.051 REFORM + 0.806$$
$$(7.971^{**}) \qquad (0.429) \qquad (1.105) \qquad (8.309^{**})$$

※（　）内はt値，**は0.05以下で有意

表4-5　標準化係数

EVALUATION	0.532
ECONOMY	0.028
REFORM	0.079

上記の回帰式や標準化係数から，自由度調整済み R^2 値が低いため，他の要因を排除することはできないが，橋下氏への評価が大阪市の廃止に賛成し，特別区を設置することに賛成に結びつく傾向があることが推測される。

住民投票の結果は反対が上回り，「大阪都構想」という改革の旗は蹉跌した。しかし，その後の大阪府知事選挙，大阪市長選挙で，「大阪維新の会」の松井一郎氏が府知事に再選し，橋下氏の後継者である吉村洋文氏が当選したことにより，「大阪都構想」への再挑戦も期待されている。将来に不安を抱え，社会に対して不満や理不尽さを感じ，改革を求める有権者は，改革を続けていくことについては支持しているのであろう。こうした有権者の行動は，大阪府や大阪市のみならず，東京都でも起きている。それが2016年の夏の都知事選挙において，小池百合子都知事を誕生させた原動力になっていると考えられる。

4-3 進展する都市の高齢化と移住の問題

　大都市部においても，人口減少が始まり，急激な高齢化が進展していく。2015年の国勢調査の結果では，東京都，埼玉県，千葉県，神奈川県の首都圏，愛知県，福岡県，沖縄県では2010年の国勢調査の結果と比べて，人口は増加していたが，大阪府を含むその他の道府県では人口は減少していることが明らかになった。人口減少や高齢化の問題は，大都市部においても深刻な問題として直面しており，都市部の地域の持続可能性の問題を考えていく必要がある。

　ここで東京都，愛知県，大阪府の将来の人口動態を確認してみよう。国立社会保障・人口問題研究所の「将来人口推計」によれば，東京都と愛知県は，2015年が人口のピークとなり，2020年以降，人口が減少していく。また大阪府は，すでに2010年以降，人口減少が始まっていることがわかる。ここで，東京都の将来人口と高齢化率の推計を図4-7，愛知県の将来人口と高齢化率の推

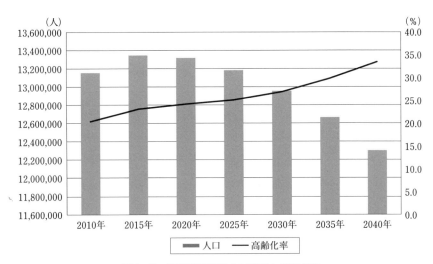

図4-7　東京都の将来人口推計と高齢化率

出所：国立社会保障・人口問題研究所『日本の地域別将来推計人口（都道府県・市区町村）』に基づき，筆者作成。

第4章　大都市の地方（地域）創生と多核ネットワーク型生活経済圏　　　　　95

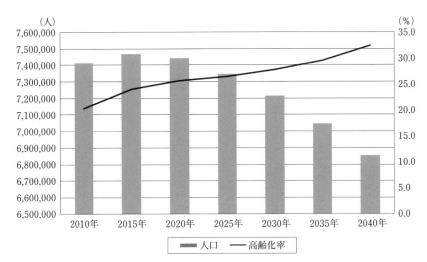

図4-8　愛知県の将来人口推計と高齢化率
出所：国立社会保障・人口問題研究所『日本の地域別将来推計人口（都道府県・市区町村）』に基づき，筆者作成。

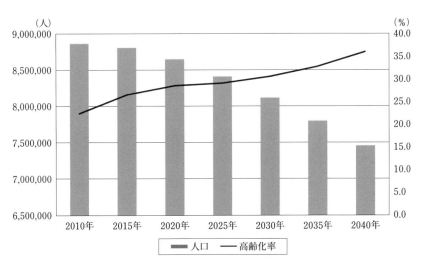

図4-9　大阪府の将来人口推計と高齢化率
出所：国立社会保障・人口問題研究所『日本の地域別将来推計人口（都道府県・市区町村）』に基づき，筆者作成。

計を図4-8，大阪府の将来人口と高齢化率の推計を図4-9で整理する。2015年の国勢調査の結果では，東京都の総人口は1,351万5,271人で，2010年に比べて355,854人の増加，愛知県の総人口は748万3,128人で，72,409人の増加，大阪府の総人口は883万9,469人で25,776人の減少となっている。

愛知県と大阪府は，県庁所在地が政令指定都市になっている。名古屋市の総人口が愛知県の総人口に占める割合は30.68％，大阪市の総人口が大阪府の総人口に占める割合は30.45％と，ほぼ3割を占め，名古屋市と大阪市の存在は大きいこともわかる。

高齢化率を見ると，2010年時点で，東京都の高齢化率は20.4％，愛知県は20.3％，大阪府は22.4％であるが，2020年には，それぞれ24.3％，25.6％，28.5％と急激に増加する。また2040年時点では，それぞれ33.5％，32.4％，36.0％と30％を上回る。都市部の高齢化の問題は，その人口規模が大きいことである。

東京都では，2010年時点での65歳以上人口は267万9,265人であるが，2020年時点で324万999人，2040年時点で411万7,563人と，2010年から2020年の間に約56万人，2020年から2040年の間に約87万人増加することが予測される。2010年から2040年までの30年間で約143万人増加するのである。

愛知県では，2010年時点では150万5,973人であるが，2020年時点では190万7,699人，2040年時点では221万9,223人となる。2010年から2040年までの間に約71万人が増加する予測となっている。大阪府では，2010年時点では198万4,854人であり，2020年に246万6,902人，2040年に268万4,737人となり，2010年から2040年までの間に約70万人が増加する予測となっている。

東京都は総人口の規模が大きい分，高齢化が進めば，65歳以上の人口規模も多く，超高齢社会（都市）になっていく。将来，400万人近い高齢者の生活をどのように守っていくのか，ということは，喫緊の問題として検討されなければならない政策課題である。また財政的には，その政策経費をどのように調達していくのか，ということが大きな課題となる。

愛知県や大阪府も，今後の30年間で高齢世代が70万人近く増加する。全国と比較すると，東京都だけでは，全国の約9％が集中しており，首都圏では約

表4-6　特別養護老人ホームの待機者数

(単位：万人)

	要介護1～2	要介護3	要介護4～5	計	前回
全体	17.8	12.6	21.9	52.4	42.1
うち在宅の方	10.7	6.6	8.7	26.0	19.9
うち在宅でない方	7.1	6.0	13.2	26.4	22.3

出所：厚生労働省「特別養護老人ホームの入所申込者の状況」に基づき，筆者作成。

25.5％が集中している。

　すでに都市部において介護施設等が不足するということも指摘されている。2014年3月に公表された厚生労働省の「特別養護老人ホームの入所申込者の状況」では，**表4-6**のように，全体で52.4万人の待機者がいることが明らかになった。5年前の2009年の調査では，待機者の人数は42.1万人であったので，5年間で約10万人の増加があったことになる。待機者のうち，特に，入所の必要性が高い要介護4と5で，在宅の入所申込者で待機者になっているのは8.7万人であり，在宅ではない待機者と合わせれば21.9万人と，全体の待機者の半分を占めている。また，都道府県別に見れば，東京都で43,384人，愛知県で11,261人，大阪府12,269人と首都圏を中心に，都市部で待機者が多いことがわかる。

　一方，厚生労働省は，2015年に「2025年に向けた介護人材にかかる需給推計（確定値）について」を公表し，2025年度における介護事業に関わる人材の需給ギャップが生じることも明らかにしている。2025年度の需要見込みは，253.0万人であるところ，現状シナリオでの供給見込みは215.2万人と，37.7万人の需給ギャップが予測されている。

　都道府県別で見ると，**表4-7**で示されているように，2025年度において，東京都では35,751人，愛知県では24,391人，大阪府では33,866人の需給ギャップが生じることが予測されている。また2017年度，2020年度，2025年度と需要見込みに対する供給見込み（充足率）が低下していくこともわかる。

　もちろん，将来的な介護人材不足の問題については，産業技術を活用した介護ロボットの開発と導入していくことも期待される。介護ロボットの開発は，

表4-7　介護人材の需給ギャップ

(単位:人)

	2013年度の介護職員数	2017年度		2020年度		2025年度		
		需要見込み	供給見込み	需要見込み	供給見込み	需要見込み	供給見込み	需給ギャップ
東京都	154,609	195,780	181,410	216,633	194,439	243,701	207,950	35,751
愛知県	81,136	101,763	92,301	113,040	98,817	131,852	107,461	24,391
大阪府	136,355	168,755	165,564	190,623	176,305	219,190	185,324	33,866

出所:厚生労働省「2025年に向けた介護人材にかかる需給推計(確定値)について」に基づき,筆者作成。

新たな産業として注目され,また医療福祉分野は,新たな市場としての期待もある。しかしながら,都市部において集中する高齢世代人口と,介護ニーズの高まりに対するサービスの量と質の向上は,都市部の大きな課題であることは事実である。

こうした問題に対し,地方創生のメニューにおいては,「日本版CCRC」の議論も進められている。CCRCとは,「Continuing Care Retirement Community」の略称であり,「継続的なケア付きの高齢者コミュニティ」と訳すことができる。このときの「継続的なケア」とは,医療や介護等のサービスが継続的に提供されることを意味し,高齢者コミュニティとは,高齢者の方が「生きがい」や「役割」を持ち,コミュニティに参画しながら,生活をしていくことができる環境を意味すると言える。

CCRCの取り組みを理解するためには,2008年に発表された楡周平氏の「プラチナ・タウン」という小説を読むとイメージがしやすくなる。「プラチナ・タウン」の小説は,2012年にはNHKのドラマにもなって放映された。物語は,高齢化と過疎化が進み,財政破綻寸前の町の首長となった元商社のエリートビジネスパーソンが,高齢世代のための「定住型テーマパーク」を作り,地域を再生していくというものである。

プラチナ・タウンが描くモデルとは,高齢世代が移り住むことにより,福祉サービスなどの需要が生まれる。それにより雇用ニーズが高まるので若い世代の働く場も増え,人口が増加していくというモデルである。こうしたモデルは,地域再生のひとつの「希望」であろう。

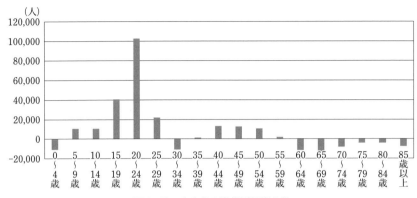

図4-10　東京都の世代別転出入数
出所：平成27年国勢調査結果（総務省統計局）に基づき，筆者作成．

　千葉市稲毛区にある「スマートコミュニティ稲毛」は，50歳以上が会員になれるコミュニティを運営し，シニア向けの分譲マンション併設している。会員は，毎月の会費を支払うことで，朝食と夕食が提供され，サークル活動などのさまざまなアクティビティに参加できる。現在，このようなシニア向けのコミュニティと分譲マンションの建設が，他の地域でも進められている。

　高齢世代の移住を促進するために，全国で日本版CCRCの検討が進められ，また政府も補助金の交付を通じて支援しようとしている。しかしながら，例えば，東京都に住む高齢世代の移住にも限界がある。2015年の国勢調査の結果に基づき，東京都の転入者数から他県への転入者数で差し引き，5歳ごとの転出入数を計算すると，**図4-10**となる。ここからわかるように，60歳代以上の高齢世代においては，東京都でも流出の方が流入を上回っている。

　しかしながら，転出数だけを見れば，5歳刻みの世代ごとの転出割合（全転出数に占める割合）で，最も多いのは30歳〜34歳の18.1%，次に25歳〜29歳の14.9%，そして35歳〜39歳の13.6%であった。25歳〜39歳までを合わせると46.5%となり，東京都からの転出数は，この世代がほぼ半数を占めていることがわかる。一方，60歳代以上の転出割合は，13.1%でしかない。転出人数において，60歳代以上が多い要因は，転出数が多いのではなく，転入数が少ないか

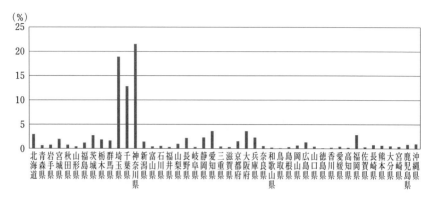

図4-11 東京都からの転出先

出所：平成27年国勢調査結果（総務省統計局）に基づき，筆者作成。

らであることがわかる。

　また，2015年の国勢調査の結果から，5年前の常住都道府県が東京都であった者の現在の常住都道府県を調べ，5年前に東京都に住んでおり，現在は他の道府県に住む者の人数を計算したものが図4-11である。図4-11は，世代別ではなく，すべての世代の人数になっているので，必ずしも高齢世代の人口移動の状況を正確に表すものではないが，他県への転出数と5年前は東京都に住んでおり，現在は他の道府県に住む者の人数は87万7,100人と一致しており，東京都に住んでいる者が，どこに転出したかという傾向を知るという意味では有益な情報を提供している。

　東京都からの転出先としては，神奈川県への転出が約21.54％，埼玉県への転出が約18.95％，千葉県への転出が12.78％と，神奈川県，埼玉県，千葉県を合わせると約53.27％と半数を上回っている。この他，3％を超えるのは，愛知県と大阪府のみであり，その後に北海道，茨城県，長野県，静岡県，兵庫県，福岡県などが続いている。つまり，転出の傾向も同じ首都圏か，もしくは他地域の都市部への転出が多いことがわかる。このような状況を鑑みれば，日本版CCRCには限界があると言える。東京都に住む高齢者が，リタイア後に移住するとすれば，可能性が高いのは，神奈川県，埼玉県，千葉県といった近郊地域

である。日本版 CCRC については，地理的条件や大都市部からの交通アクセスなどの条件を十分に考慮していく必要がある。また，事業の担い手となる若年世代の人材を確保することができなければ，地域経済の供給制約は厳しくなり，事業展開が困難になる可能性があることも考慮しておく必要がある。また，並河（2015）が指摘するように，財政負担が大きくなってしまう可能性がある[3]。財政負担の問題は，CCRC の取り組みを進めていく上で考えておかなければならない課題である。財政負担は大きくなってしまうが，若者の雇用が生まれ，消費が生まれるため，それを上回る経済効果がある，という話を聴いたことがある。この話で，大きなロジックの誤りがあるのが，財政負担と経済効果を同列に比較している点である。財政負担を考えるのであれば，税収と比較しなければならない。つまり，これだけの財政負担（歳出の増加）はあるが，これだけの税収（歳入の増加）があるから，歳出の増加分は埋め合わせることができる，という説明をするべきであろう。つまり，CCRC による経済効果から，どれだけ税収が確保できるのかということを考える必要がある。経済効果についても，その地域が完全に「閉じられた地域」であれば別だが，隣接する行政地域のスーパー等に買い物に行ったり，もしくは，行政地域内であっても，サービス提供する事業者が，地元の事業者でなければ，その地域で発生した経済効果は，他の地域にスピルオーバーしていくだろう。これは他地域とのネットワークの利便性が高かったり，または供給制約の厳しい地域ほど，スピルオーバーしていく可能性が高まる。やはり，第2章で考えたように供給制約は地域経済の足かせになる。このように考えると，人口集中抑制政策は，画餅に終わる可能性がある。夢物語としてではなく，現実の話として検討していかなければならない。

　都市部の超高齢化が進展していくなかで，その対応として考えていかなければいけないのは，「未病」，「介護予防」といったキーワードだろう。医療費や

---

[3]　並河氏はインタビューの中で，次のように述べている。「いくら人口減少をとめるといっても定年をすぎた高齢者が「田園回帰」したところで，地方交付税の算定根拠にはなっても，税収にはあまりつながらず，逆に医療費などの財政負担が大きくなってしまいます。」（並河 2015）

介護費用の問題を考えれば，まずは「病気にならない」，「介護が必要な状態にならない」ことが重要であり，そのための健康増進を促すプログラムの提供などが有効であると考えられる。こうしたプログラムを実施する際に期待されるのは，地域コミュニティの機能である。また，「生きがい」や「役割」があり，活躍できる機会を持つことは，予防の視点からも重要である。そこで，やはり地域コミュニティの役割が重要になる。

大都市部において，重要なのは，移住を促進していくことではなく，大都市部における地域コミュニティの機能を再生し，多世代の交流を通じて，高齢世代が活躍できる環境を作っていくのか，ということであると考えられる。地方創生は，地方部だけの政策ではない。大都市部においても，このような視点で，大都市部の地方（地域）創生を行っていくことが重要である。

4-4　首都圏における都市間ネットワーク経済圏

大都市部の地方（地域）創生は，どのように進めていくべきか。そのひとつのヒントとして，「ネットワーク型生活経済圏」というキーワードを考えてみよう。このネットワークは，例えば，首都圏においては，いくつかの「核」となる都市が存在する。もちろん，首都圏の各都市は東京都との関係性が強い。一方で，同県内の「核」となる都市との関係性も強い。こうした「核」となる地域を中心としながら，生活経済圏を構成し，自治体間，地域間連携を通じて，仕事や暮らしの質を高めていくことも可能になる。

ここで神奈川県，千葉県，埼玉県の県庁所在地（横浜市，千葉市，さいたま市）を中心に，ネットワーク型生活経済圏の可能性を考えてみる。

2010年の国勢調査の結果に基づき，横浜市と横浜市の近隣自治体に在住する人の通学・通勤先を整理した（**表4-8**）。横須賀市，鎌倉市，逗子市から横浜市に通学・通勤している人は，全体の約20％を占めており，藤沢市から16.1％，大和市からは18.4％，川崎市からは10.7％となっている。横須賀市以外は，県外に通学・通勤している人の割合に比べると，その数値は下回っているが，川

第4章　大都市の地方（地域）創生と多核ネットワーク型生活経済圏　　103

表4-8　横浜市と近隣自治体の通学・通勤の状況

	横浜市	川崎市	横須賀市	鎌倉市	藤沢市	逗子市	大和市	県外
横浜市	55.8%	5.7%	1.1%	0.9%	1.3%	0.1%	0.6%	27.5%
川崎市	10.7%	37.4%	0.1%	0.1%	0.4%	0.0%	0.2%	44.0%
横須賀市	20.0%	2.2%	57.7%	1.4%	0.8%	1.4%	0.1%	10.2%
鎌倉市	20.6%	2.5%	1.6%	30.5%	7.2%	0.9%	0.4%	27.9%
藤沢市	16.1%	2.2%	0.5%	5.2%	40.8%	0.2%	1.8%	17.2%
逗子市	23.3%	2.4%	8.6%	7.8%	2.6%	20.3%	0.2%	26.1%
大和市	18.4%	3.4%	0.2%	0.5%	4.7%	0.0%	30.8%	21.0%

出所：平成22年国勢調査結果（総務省統計局）に基づき，筆者作成。

崎市の44.0%を除けば，約60%が在住の自治体と近隣の自治体に通学・通勤していることがわかる。

　次に，千葉市と千葉市の近隣自治体に在住する人の通学・通勤先を整理すると表4-9となる。四街道市に在住する人で千葉市に通学・通勤している人は，全体の30.6%を占め，大網白里町（現大網白里市）では，21.7%を占めている。次に，市原市，東金市，八街市，茂原市，習志野市，佐倉市と10%台で続き，

表4-9　千葉市と近隣自治体の通学・通勤の状況

	千葉市	佐倉市	東金市	習志野市	市原市	茂原市	八千代市	四街道市	八街市	大網白里町	県外
千葉市	52.2%	0.8%	0.4%	2.3%	2.5%	0.5%	1.2%	1.1%	0.2%	0.2%	24.0%
佐倉市	10.2%	29.0%	0.2%	2.5%	0.3%	0.1%	7.9%	2.3%	0.9%	0.0%	23.9%
東金市	15.2%	1.0%	43.2%	0.6%	1.4%	0.1%	0.2%	0.6%	3.1%	3.2%	6.7%
習志野市	11.1%	0.7%	0.1%	26.4%	0.4%	0.1%	2.6%	0.2%	0.1%	0.0%	35.1%
市原市	17.4%	0.2%	0.2%	0.7%	55.8%	0.7%	0.2%	0.2%	0.1%	0.1%	8.9%
茂原市	14.0%	0.2%	2.3%	0.7%	4.5%	3.2%	0.2%	0.3%	1.8%	0.3%	6.3%
八千代市	8.1%	2.6%	0.0%	3.8%	0.3%	0.0%	32.5%	0.5%	0.1%	0.0%	29.6%
四街道市	30.6%	6.1%	0.4%	1.6%	1.0%	0.2%	1.6%	24.1%	1.0%	0.1%	18.8%
八街市	16.5%	9.0%	2.4%	1.1%	0.8%	0.4%	1.0%	2.9%	32.2%	0.3%	8.4%
大網白里町	21.7%	0.5%	9.5%	1.0%	2.2%	7.6%	0.2%	0.3%	1.3%	21.5%	14.8%

出所：平成22年国勢調査結果（総務省統計局）に基づき，筆者作成。

八千代市が8.1％となっている。県外に通学・通勤している人の割合が，千葉市に通学・通勤している人の割合を上回っているのは，佐倉市，習志野市，八千代市だけであり，千葉市との結びつきが強いことがわかる。

そしてさいたま市とさいたま市の近隣自治体に在住する人の通学・通勤先を整理すると**表4-10**となる。さいたま市に通学・通勤している人の割合が20％を上回っているのは，上尾市，蓮田市，伊奈町で，10％を上回っているのは，春日部市と白岡町（現白岡市）である。その他の自治体では，さいたま市に通学・通勤している人の割合は10％未満となっている。一方，白岡町（現白岡市）以外は，さいたま市に通学・通勤している人の割合よりも，県外に通学・通勤している人の割合の方が高い。

神奈川県（横浜市），千葉県（千葉市），埼玉県（さいたま市）の3つの都市の状況を確認すると，その特徴は若干異なるが，共通するのは，それぞれの市と近隣自治体に住む人が，その地域の中で通学・通勤している割合が5割以上

表4-10　さいたま市と近隣自治体の通学・通勤の状況

	さいたま市	川越市	川口市	春日部市	上尾市	越谷市	蕨市	戸田市	朝霞市	志木市	富士見市	蓮田市	伊奈町	白岡町	県外
さいたま市	44.9%	1.1%	2.9%	0.9%	1.6%	0.9%	0.8%	1.8%	0.3%	0.2%	0.1%	0.3%	0.6%	0.2%	34.3%
川越市	4.5%	41.0%	0.3%	0.1%	0.6%	0.1%	0.1%	0.3%	1.0%	0.5%	1.0%	0.0%	0.1%	0.0%	22.3%
川口市	7.5%	0.3%	35.5%	0.2%	0.2%	1.2%	1.5%	2.1%	0.2%	0.1%	0.0%	0.0%	0.1%	0.0%	39.3%
春日部市	11.7%	0.3%	1.1%	31.0%	0.5%	7.2%	0.1%	0.3%	0.1%	0.0%	0.0%	0.4%	0.2%	0.5%	29.5%
上尾市	20.5%	1.7%	1.1%	0.4%	31.6%	0.4%	0.3%	0.6%	0.1%	0.1%	0.1%	0.7%	2.6%	0.3%	23.8%
越谷市	5.4%	0.2%	2.0%	2.8%	0.2%	34.4%	0.3%	0.3%	0.2%	0.1%	0.0%	0.1%	0.1%	0.1%	35.5%
蕨市	9.1%	0.4%	9.7%	0.2%	0.3%	0.5%	17.3%	7.5%	0.3%	0.1%	0.1%	0.1%	0.2%	0.1%	45.2%
戸田市	8.0%	0.5%	4.8%	0.1%	0.3%	0.4%	2.5%	29.9%	0.3%	0.1%	0.1%	0.0%	0.1%	0.0%	44.4%
朝霞市	3.0%	1.9%	0.6%	0.0%	0.1%	0.3%	0.2%	0.7%	24.3%	2.2%	0.7%	0.0%	0.0%	0.0%	46.0%
志木市	4.1%	2.7%	0.6%	0.0%	0.1%	0.1%	0.2%	0.7%	6.3%	18.3%	2.2%	0.0%	0.0%	0.0%	42.8%
富士見市	3.2%	5.3%	0.5%	0.0%	0.2%	0.2%	0.1%	0.2%	3.2%	2.8%	18.6%	0.0%	0.0%	0.0%	36.8%
蓮田市	20.5%	0.9%	1.4%	1.3%	3.5%	0.3%	0.0%	0.6%	0.1%	0.0%	0.0%	23.0%	3.5%	3.2%	29.2%
伊奈町	20.7%	1.0%	1.3%	0.6%	11.9%	0.5%	0.4%	0.6%	0.2%	0.1%	0.1%	4.5%	25.4%	1.4%	17.9%
白岡町	16.2%	0.7%	1.2%	2.2%	1.7%	1.1%	0.3%	0.5%	0.1%	0.1%	0.0%	6.5%	1.5%	20.4%	28.4%

出所：平成22年国勢調査結果（総務省統計局）に基づき，筆者作成。

になっているケースがほとんどであるということである．また，地域ごとの違いとしては，東京への交通アクセスが大きく関わっていると考えられる．

　例えば，横浜市の近隣自治体の場合は，JR線（東海道本線・横須賀線等），小田急線，東急線，京急線などの鉄道が東京へのアクセスを便利にしている．一方，鉄道は横浜駅にもつながっており，東京へのアクセスとともに横浜駅へのアクセスを便利にしている．

　千葉市の近隣自治体の場合は，JR線（総武線本線，外房線，内房線，京葉線）は千葉駅や蘇我駅をターミナル駅としているため，千葉駅がネットワーク型生活経済圏の核になっていると推測できる．また京成線で，東京にダイレクトにつながっている地域（佐倉市や八千代市），また千葉市の手前に位置する習志野市は県外に通学・通勤する人の割合が高い．

　一方，さいたま市の近隣自治体の場合は，JR線（東北本線，埼京線，武蔵野線）のほか，東武東上線，東武伊勢崎線を利用すること，さいたま市を経由せずに，直接，東京にアクセスすることが可能な地域が多い．そのため，県外への通学・通勤の割合が，横浜市とその近隣自治体の地域とさいたま市とその近隣自治体の地域よりも低い．

　交通ネットワークは，都市間の生活経済圏の形成に大きな影響を与えることがわかる．このことから，都市部の地方（地域）創生を考えるにあたり，地域内のネットワーク性を高めていくことが鍵となる．例えば，各自治体の郊外では，その自治体地域の駅に行くよりも，隣接する自治体地域の駅に行く方が便利であるという場合がある．例えば，単純な距離だけを考えるのではなく，道路渋滞などを想定すれば，必ずしも距離と時間は比例せず，そのコストは高まる．このときに，生活経済圏として地域内の交通ネットワークを整備することができれば，その地域に住む人々の通学や通勤に関わるコストを低減することができるかもしれない．

　また，ネットワーク型生活経済圏の中にある自治体が，住民サービスの質を向上させれば，近隣の自治体も住民サービスの質を向上させようとするかもしれないし，自治体間の連携により，住民サービスが相互に供給されることにな

れば，実質的に住民サービスの質は高まる。

4-5　待機児童問題に見る自治体間連携の可能性

　こうした事例として，都市部の待機児童問題に対する取り組みがある。2016年4月1日時点での待機児童数は，厚生労働省の発表によれば，23,553人であった。厚生労働省の公表資料（「保育所等関連状況取りまとめ（平成28年4月1日）」）に基づき，都道府県別に見ると，東京都の待機児童数は8,327人で，東京都の数値には含まれていない中核市の八王子市の待機児童数（139人）を加えると，8,466人となり，全国の35.9%を占めていることがわかる。また東京都，埼玉県，千葉県，神奈川県の首都圏の待機児童数は，全国の48.6%を占めている。さらに愛知県，京都府，大阪府，兵庫県の待機児童数を加えると，全国の60.3%を占めている。これらの状況から，待機児童問題は，都市部の大きな課題であることがわかる。

　一方，政令指定都市の待機児童数を確認すると，首都圏の政令指定都市では，さいたま市が24人，千葉市が11人，横浜市が7人，川崎市が6人，相模原市が0人であり，待機児童問題への取り組みが進んでいることがわかる。これらの政令指定都市の待機児童数の推移をまとめると，**図4-12**となる。**図4-12**からは，2010年以降，これらの都市で待機児童の解消に向けて，積極的に取り組みを進め，成果を出していることが見て取れる。特に横浜市は，2013年4月1日時点で待機児童ゼロを達成し，千葉市は2014年4月1日時点と2015年4月1日時点の2年間連続で待機児童ゼロを達成し，川崎市は2015年4月1日時点で待機児童ゼロを達成した。

　横浜市，千葉市，川崎市の待機児童対策の取り組みについては，中澤・矢尾板・横山（2015）[4]に整理されている。横浜市，千葉市，川崎市の取り組みの共通項を，中澤・矢尾板・横山（2015）に基づき整理すれば，第1に首長のリー

---

[4]　中澤・矢尾板・横山（2015）では，「出生率」と「子どもの移動」という2つの視点から定量的な評価を行い，保育所の量的拡充は，子どもを持つ親の移動の誘因となることを明らかにしている。

第4章　大都市の地方（地域）創生と多核ネットワーク型生活経済圏

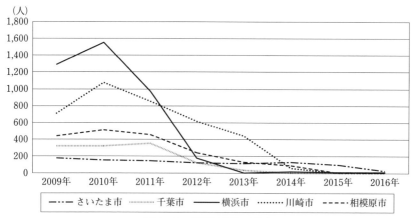

図 4-12　待機児童数の推移
出所：厚生労働省「保育所等関連状況取りまとめ」に基づき，筆者作成。

ダーシップ・コミットメントの強さ，第2に年齢別・地域別のニーズや課題を精査し，適切でかつ柔軟な対応策を推進したこと，第3に，利用者と保育事業者，保育事業者と不動産所有者などとの間にある情報の非対称性の緩和策を講じたことにあると言える。

　ネットワーク型生活経済圏という発想で注目したい取り組みは，横浜市と川崎市の取り組みである。横浜市と川崎市は，2014年10月に「待機児童対策に関する連携協定」を締結し，両市が隣接する地域（横浜市鶴見区・港北区と川崎市幸区が隣接する地域，横浜市都筑区・青葉区と川崎市宮前区が隣接する地域）において，保育所などの共同整備を進めている。また横浜市と川崎市が隣接する地域においては，例えば，横浜市民でも川崎市の認定保育園を利用することができ，川崎市民でも横浜保育室を利用することができるようにし，その場合に，保育負担料を軽減するために，横浜市民は横浜市から，川崎市民は川崎市から保育料の軽減補助を受けられるようにしている。

　横浜市や千葉市では，待機児童問題を解消するために，市内の地域別の保育ニーズを把握するとともに，定員に空きがある保育所の情報を保護者に提供し，マッチングを行うコンシェルジュサービス（横浜市では「保育コンシェルジ

ュ」，千葉市では「子育てコンシェルジュ」）を行ってきた。横浜市と川崎市の連携協定では，こうしたマッチングサービスを両市の境界を越えて行えるようになったという点で大きく評価することができる。例えば，川崎市との市境近くにする横浜市民にとっては，横浜市の保育室に子どもを預けるよりも，川崎市の認定保育園に預ける方が便利である場合がある。こうしたニーズに対応することができるようになる。このように，自治体間，地域間で連携をしていくことにより，行政区域を越えて，相互に行政サービスを提供していくことが可能になり，住民にとって，行政サービスがより良いものになる。

　このような連携を，「生活」と「仕事」をつなぐ生活経済圏単位で考えれば，その生活圏に住む人々の生活の質は向上していくだろう。

4-6　衰退を招かないための大都市の地方（地域）創生

　ネットワーク型生活経済圏の考え方は，広域連合や一部事務組合とは異なる考え方である。広域連合や一部事務組合は，いわゆる規模の経済性，範囲の経済性を考えた場合，各自治体で事業を行っていくよりも，広域で取り組んだ方が効率的である場合に，複数の自治体が共同で事業を実施していく仕組みである。この場合，サービス内容も単一となり，柔軟性が失われる可能性がある。自治体間の相互連携協定を通じて，各自治体の住民が，相互に利用可能であれば，サービスの柔軟性を担保でき，また住民の選択肢も拡がっていく。このような自治体間の相互連携協定によるネットワーク化を進め，都市間の生活経済圏を形成していくことで都市部が抱える課題に対応することを可能にし，また住民の福祉（幸せ）を高めていくことができると考えられる。

　もちろん，こうした考え方は，これまでにも「定住自立圏」や「連携中枢都市圏」として考えられてきている。総務省の「連携中枢都市圏構想推進要綱」では，連携中枢都市圏構想の目的として，次のように述べられている。「地域において，相当の規模と中核性を備える圏域の中心都市が近隣の市町村と連携し，コンパクト化とネットワーク化により「経済成長のけん引」，「高次都市機

能の集積・強化」及び「生活関連機能サービスの向上」を行うことにより，人口減少・少子高齢社会においても一定の圏域人口を有し活力ある社会経済を維持するための拠点を形成することが連携中枢都市圏構想の目的である。」

しかし，「連携中枢都市圏構想」は，三大都市圏以外の地域を対象にしている点に問題がある。三大都市圏における自治体間連携のあり方については，第31次地方制度調査会の答申において，以下のように，広域連携を進めるべきであるという立場ではある。

「三大都市圏は，地方圏よりも交通機関が発達しており，他の市町村との役割分担を大胆に行って，他の市町村と相互補完関係を築きやすい。三大都市圏の市町村においては，メリハリの効いた市町村間の広域連携が行われることが期待される。また，三大都市圏においては，地方圏に比べ，市町村合併が進んでおらず，市町村間の広域連携をより進めるべきである。」

しかしながら，「特に東京圏から地方圏への人口移動の促進を検討する必要がある。」とも述べ，連携中枢都市圏が，東京圏からの移住・交流を推進する立場であることが明らかである。

大都市制度の問題については，第30次地方制度調査会の答申で，道府県と政令指定都市との二重行政問題を解消するために，具体的には「大都市地域特別区設置法の制定」が提案され，また「特別市（仮称）」が検討されている。大都市においては，都市圏を構成する自治体間の連携ではなく，地域内分権の仕組みを導入していくことを提案する立場となっている。第30次地方制度調査会の答申も，第31次地方制度調査会の答申も，政治的な思惑が絡んでいるように見える。第30次地方制度調査会の答申は，「大阪都構想」を推進するための大都市地域特別区設置法を制定するための「お墨付き」であると言えるし，第31次地方制度調査会の答申は，政府の地方創生の取り組みを推し進めるための「お墨付き」であると言える。

大都市圏においても，各市が市街化調整区域に設定したことにより，開発行為が規制され，活力を失い，過疎化が進む地域も存在する。大都市部と地方を切り分け，大都市部への規制を強化していくだけでは，再び，大都市圏の経済

が衰退していく危険性がある。地方創生の文脈は，歴史の過ち（政策の失敗）から学ばず，再び，過ちを犯そうとしているように見える。

　地方部が，自らの地域の課題を解決し，持続可能性を高めるために「連携中枢都市圏」を形成し，相乗効果を発揮していくことと同じように，大都市部も，直面する課題を解決していくための仕組みとして，地域間，自治体間の連携を深め，「多核ネットワーク型生活経済圏」[5]を形成していく必要がある。大都市圏では，それぞれの都市が，さまざまな「核」となりうる潜在力を持っている。例えば，経済の核，農業の「核」，住環境の「核」，高齢者福祉の「核」，子育ての「核」，教育の「核」などである。近隣地域で，こうした「核」と「核」を結びつけ，役割と責任を分担するネットワークを作り，相互の連携の中で，その地域圏に住む住民の福祉（幸せ）を高めていくことが，大都市圏の地方（地域）創生には求められる。

---

5) 「多核型のネットワーク」の発想は，McGinnis（1999），Yokoyama（2014），Wagner and Yokoyama（2014）などで検討されている"Polycentricity"の概念を踏まえ検討している。

第3部　地域づくりと地方創生

第5章　幸せと満足感を育む地域づくり*

5-1　「地域活性化」と「地域の持続可能性」

　現在，「地方創生」という言葉がマジックワードとして，声高に叫ばれ，全国各地のさまざまな取り組みが注目されている。しかし，これらの取り組みの多くは，政府が地方創生の取り組みを始めたから，始まった取り組みではなく，「地方創生」という言葉が生まれる前から始まっていた取り組みである。

　地方創生や一億総活躍社会といった社会の「デザイン」に向けて，参考になるのは，例えば，徳島県上勝町の「葉っぱビジネス」の取り組み[1]がある。「葉っぱビジネス」のビジネスモデルは，高齢者の方が「生きがい」や「楽しみ」を感じながら，葉っぱの販売を通じて，収入を得る地域のビジネスのモデルとして注目されている。そして，地域ビジネスにおいても「マーケティング」に基づいた商品開発，ブランディングが必要であることも教えてくれる。これは，各地域でのソーシャル・ビジネスやコミュニティビジネスに大きな示唆となるだろう。

　また，島根県海士町の隠岐島前高校の事例[2]は，教育が地域づくりや地域の持続可能性のために，大きな力を持っていることを表している。隠岐島前高校

---

*　本章の一部の内容も活用して，矢尾板俊平・山中光茂・松村俊英・梅本陽子（2016）「住民意識を政策プロセスに反映させるための手法に関する考察」として，公共選択学会第20回全国大会にて学会報告を行っている。
1）　詳細は，横石（2007, 2015）等を参照されたい。
2）　詳細は，山内・岩本・田中（2015）を参照されたい。

は，島留学という概念を打ち出し，月額2万円の補助，帰省費用の補助をするとともに，公設の塾との連携を通じて，高校の魅力化を進めた。それが地域の中に好循環を生み出している。

　三重県伊勢市の「おかげ横丁」や長野県小布施町の取り組みは，地域の民間企業が主体となって地域づくりを進める事例として注目されている。「おかげ横丁」には「赤福」，小布施町には「小布施堂」という老舗があり，そうした企業が社会貢献，地域貢献として主体的に地域づくりに参画することで，その地域の魅力を高めている。とりわけ，「おかげ横丁」については，もちろん伊勢神宮という観光面での「キラーコンテンツ」を有しているという好条件と，伊勢市が景観条例を定めるというサポートの中で，魅力的な「まち」を創り上げたことは，大変興味深い。

　さらに徳島県神山町[3]，岩手県紫波町[4]，広島県尾道市，北海道東川町[5]における事例は書籍等でも紹介され，有名な事例となっている。また，民間事業者が取り組んだ瀬戸内海の直島（ベネッセアート），雑誌『自遊人』の創刊者の岩佐十良氏がプロデュースした「里山十帖」[6]など，近年，魅力的な取り組みが増えている。

　これらの事例は，「地方創生」は，お金をかければ良いものができるというわけではないことを教えてくれる。確かに，「おかげ横丁」への「赤福」の投資は多額である。しかしながら，注視しなければいけないのは，「地域づくり」に関わる人々の「想い」であり，「志」であり，「行動」である。そして，地域にある潜在的な資源を活用し，地域づくりに関わる人々が大切にしたい「価値観」に基づいて取り組みを行った結果として，これらの事例がある。

　地域活性化という言葉がある。「地域活性化」とは，必ずしも，工場や宅地が造成され，大型の商業施設が開店していくことではない。それぞれの地域に

---

3) 詳細は，篠原（2014），NPO法人グリーンバレー・信時（2016）を参照されたい。
4) 詳細は，猪谷（2016）を参照されたい。
5) 詳細は，玉村・小島（2016）を参照されたい。
6) 詳細は，岩佐（2015）を参照されたい。

は，それぞれの営みや生活があり，それぞれに価値観がある。幸せの感じ方も異なるだろう。例えば，地域住民が，自分たちのまちの魅力が「自然豊かであること」であったり，「閑静な環境」であったりする場合，経済的な発展が考えられたとしても，そうした自然環境を失うような工場や宅地の造成には反対するだろう。地域が活性化するということは，その地域に住む住民が考える「幸せ」や「価値観」を基準として，その地域に住むことから得られる「満足感」が増加していくことであり，それがその地域の魅力とも言えるだろう。これは，先ほど挙げた先進事例からも示唆されることである。その地域に住む人々が，どのような「価値観」を守ろうとし，どのような「幸せ」を追求していこうとしているのか，その前提がなければ，地域活性化は成り立たないのである。

　「均衡ある国土の発展」によって，全国の地域は，経済の側面においても，社会インフラの整備状況においても，発展をすることができた。高度成長期においては，それが地域活性化であり，ナショナルミニマムを整えていく視点は重要であった。しかしながら，時代は変わり，価値も多様化され，多元化されていくなかで，地域の魅力において「差」があることは，地域の活性化には必要条件になった。これからの地域の活性化は，それぞれの地域が持つ資源や潜在力を活用していきながら，いかに「差」を作り出していくことができるのか，どのような価値観を提案し，どのような幸せを追求していくことが可能なのかを提示していくことが求められる時代となった。ここでも画一的な「均衡ある国土の発展」の発想による「地方創生」の考え方を変えていかなければいけないことが示唆される。

　もうひとつ，地域づくりということで考えなければいけない言葉に「地域の持続可能性」という言葉がある。当然ながら，地域が持続していくためには，人口は欠かせない。とりわけ，若年世代の人口は，地域が持続していくために大きな要因になる。そのひとつは出生力，もしくは人口再生産力という捉え方である。若年世代が，子どもを産み，育てていくことにより，人口が再生産され，それが地域の持続可能性を高めていくということであり，増田レポートも

基本的な視点としては，この視点があった。

　もうひとつの捉え方は，地域の課題を解決していくことができるか，という視点である。もちろん，これも人口，とりわけ若い世代の人口によるところも大きい。しかしながら，地域の課題解決力は，必ずしも人口が多いから，その力は強いものではないし，人口が少ないからといって，地域の課題解決ができないということでもない。もちろん，人口が少なければ，課題解決が困難にはなる。また地域の伝統や行事を継承していくということを考えると，後継者の「人数」と「価値観」の両方が重要な要素となる。つまり，地域の課題解決という視点では，量とともに質も重要な視点になる。

　人々が住み，そこにはコミュニティがある。人口が増加するとともに，その地域の特性，伝統，価値，コミュニティの質そのものが継続していくことこそが地域の持続可能性であると定義することができる。

　そのように考えると，単に人口を増やすことだけが「地方創生」ではないということになる。それでは，持続可能な地域づくりには，何が必要なのか。その答えは「仕組み」を作ることである。つまり，地域が，自分たちが大切にする「価値観」や「幸せ」を共有し，自ら，地域が抱える課題を解決していくためには，地域で取り組むことができるような「仕組み」づくりが必要になるということである。

5-2　「幸せな共犯関係」から「納得を生み出す対話」へ

　地域住民が請願やパブリックコメント制度，住民説明会などの機会，または審議会の委員として参加することを通じて，行政が実施する施策や事業に意見を表明することができ，それを反映させていく「仕組み」は，もちろん，これまでにもあった。行政も，行政が取り組んでいる施策や事業の内容を説明し，それに対する意見を求めてきた。また広報，広聴機能を拡充させるため，住民アンケートを実施してきた自治体もある。

　しかしながら，行政と住民の関係性は，施策や事業を「作る」，「説明する」

行政と，それに意見を表明する「住民」というように，一方通行的な側面も強かったと言える。あくまでも，行政が主導するものであり，住民自身が「考え」，「作る」ものではなかった。住民が意見を表明したとしても，その意見がどのように検討され，どのように反映されたのか，または反映されなかったのか，というフィードバックもないということも多い。いわば，行政にとって，パブリックコメントや住民参画という言葉は，「アリバイ」づくりとして使われていたということも多かったと言える。また，そうした住民参画の場に参加する住民も限られており，一部の団体の代表者による「陳情」の機会となることも多かった。その内容は，かなりミクロなレベルの話である。もちろん，1km先にある数世帯のためのインフラを整えていくことも重要であるが，それは，未来志向のまちづくり，地域づくりにおいて，その優先度を考えれば，もっと行っていくべき事業はあるかもしれない。審議会等でも，こうした議論が行われる。いわば，住民が参画したという「アリバイ」が欲しい行政と，一部の団体の要望や細やかな陳情を実現したい住民との間の「幸せな共犯関係」が構築されてきたケースも多くあると言える。

　地域には，さまざまな課題があり，その地域の課題を知っているのは，その課題の現場に住み，また生活を行ったり，活動したりしている住民である。さまざまな世代や属性の住民の意見を丁寧に拾いながら，また調整を行っていきながら，その地域の課題解決のために必要な事業を設計し，または適切に優先順位を付けていくことが求められる。

　三重県松阪市[7]では，山中前市長は，就任時から「シンポジウムシステム」という新たな合意形成の仕組みを導入し，市が抱えている問題，地域が抱えている課題をテーマに，地域住民とシンポジウムでの対話を通じて，検討をしてきた。

　そのひとつとして，筆者も環境保全審議会の委員として関わった白猪山の風力発電事業に関する事例を紹介する。2008年から2010年までの間に，松阪市環

---

7) 松阪市の取り組みに関する詳細は，山中（2012）を参照されたい。

境保全審議会で議論が行われた白猪山の風力発電事業は，異なる2社がそれぞれ風力発電事業に関する開発の届出を行った。事業計画では，両社の計画地域は重複しておらず，両社が事業を実施することは計画上，可能であるが，環境保全審議会での環境影響評価は，それぞれの事業計画に対する環境影響評価を行う，つまり，2つの環境影響評価を同時に行う，というものであり，両社の計画を合わせた場合に，環境にどのような影響を与えるかは議論することができなかった。

また，地元住民も，風力発電事業に賛成の住民もいれば，反対を唱える住民もいた。生物多様性の保全への影響，水質への影響，バードストライクへの影響などの懸念もされ，とりわけ，水質への影響は，松阪牛の生産にも関わることも懸念され，意見が寄せられた。このようななかで，市が一方的に，開発の事業を認めるか，もしくは認めないかという決定をするのではなく，地域で考え，議論をするためのシンポジウムが実施された。そして結果としては，環境保全審議会としては，環境影響評価という観点では，調査結果については妥当であると言えるが，「住民の合意形成原則」などの5つの原則を付帯条件として，地元住民の信頼と納得を十分に得ることに配慮することを答申した。この答申を受けて，市長も地域のすべての自治会が賛成するまでは，開発を進めないという判断を行った。白猪山の風力発電事業は，市が決めるのではなく，地域が主体となって結果を決めた事例であると言えよう。この他に，松阪市では，都市計画における「線引き問題」で，市が判断するのではなく，住民自らの判断に委ねた事例がある。

住民の集合的な意思決定において重要なことは，決定をすることではなく，そのプロセスの中で，合意を作り上げていくこと，言葉を換えれば，「納得」を作り出していくことである。確かに，最終的には，何らかの決定をしなければならないし，その決定は政治の役割でもある。しかし，一方的な決定は，その決定を「善し」としない人々の不満を生む。その不満は，外部性の問題から捉えれば，決定における外部費用（政治的な外部性）であり，社会的コストであると言える。こうした社会的コストの存在により，その社会の経済的効率性

は低下している。

　そこで，こうした社会的コストを低下させていくことも，集合的な意思決定プロセスにおいて考慮する必要がある。そこで，意思決定プロセスにおいて，納得を形成するような仕組みが必要になる。

　人々は，確かに，何らかの意思を持っている。人々の合理的な行動の中で，利己的な動機だけで行動をするのであれば，何らかの決定により，得をするのか，損をするのか，ということで自らの行動を決めるだろう。しかし，ノーベル経済学賞や平和賞を受賞したアマルティア・セン[8]氏やムハメド・ユヌス[9]氏が示唆するように，利他的な動機も，人々の合理的な行動の中にあるとするならば，その決定による自らの利害だけではなく，他者の利害も，その計算の中に入れるはずである。そして，一般的には，人々の合理的な行動の背景は，後者である可能性が高い。

　これは，集合的な意思決定プロセスにおいて，「納得」を作り出すことにより，不満という政治的な外部性を提言することに希望を与える。つまり，集合的な意思決定プロセスを，単なる「決定」だけの作業の場とするのではなく，他者の感情や利害を知り，相互に共有する場を設けることで，人々は，自らの利己的な動機における行動に，利他的な動機を組み入れ，社会全体としての利益を追求することができる可能性が高まるのである。山中前市長が松阪市で行ってきたシンポジウムシステムには，このような意味があると言える。

　また，富山県氷見市役所の市庁舎建て替えにおいて，市民，職員が対話を通じて，新しい市庁舎のデザインをしたという事例も興味深い[10]。新しい氷見市役所は，閉校となった富山県立有磯高校の跡地に，高校の体育館をリノベーションして新市庁舎として活用したものである。その設計において，有磯高校の体育館を活用し，市民と職員がワークショップを通じて，その設計の検討を重ねたプロセスは，全国的にも注目され，他自治体から視察に訪れたとのことで

---

8) Sen（1970, 1982）等を参照されたい。
9) Yunus（2010）を参照されたい。
10) 氷見市の事例は，玉村編著（2016）を参照されたい。

あった。

　このように，地域住民が議論し，話し合い，考える機会を設けていくことは，対立を対話に換え，また相互の共通理解を構築していくことで，納得を生んでいき，創造的な問題解決を進めていく。人々は，目の前にある利害に捕われがちである。政策を進めていくということは，何らかの利害得失を生じさせていく。その目の前の利害の先にある，地域全体が共有することができる価値を見つけ，その視点から目の前の利害を捉え直し，何らかの方向性を決めていく必要がある。そのための仕組みづくりとして，松阪市や氷見市の事例は大きな示唆を与えている。

5-3 「不幸せな同居関係」を強いられる地域住民と行政

　三重県松阪市の住民協議会は，山中前市長が市長在任時に設立を進めた，いわゆる「地域の経営推進委員会」である。住民協議会という「場」を設けることで，地域住民自らが，地域の「作り手」となり，自ら課題を発見し，計画を作り，その実行主体となっていくことを可能にした。松阪市では，43ある小学校区にそれぞれ住民協議会を設立し，住民協議会が地域の計画を策定し，その計画に基づいて，地域の課題を解決するための取り組みを行っている。

　まず，地域の計画を策定する，ということを考えてみよう。例えば，自治体は「総合計画」を策定している。総合計画は，「基本構想」，「基本計画」，「実施計画」の三層構造で設計される，いわば自治体のまちづくり，地域づくりの「設計図」である。基本構想は，総合計画の期間（多くは10年間の計画）において，自治体が目指していくべき標であり，「グランドビジョン」である。次に，その基本構想に基づき，その目標を実現するために，どのような施策を進めていくのかという基本計画がある。そして基本計画に基づき，施策を具体的にどのように進めていくのかという実施計画が策定される。その実施計画が，事務事業となり，毎年度の予算付けを経ながら，政策が実施されていくことになる。このような総合計画は，行政内部で計画案を策定していくとともに，市

第5章　幸せと満足感を育む地域づくり

民の中から選ばれた委員や学識者，有識者，関係機関の代表者などが委員となる審議会（総合計画審議会，総合計画策定委員会）での議論，議会での議決というプロセスを経て，策定される。この他にも，さまざまな分野において個別計画が自治体によって策定され，それぞれの事業の根拠となる。

　しかしながら，こうした計画は自治体の計画であり，その対象地域は，行政区域全般にわたる。つまり，広い自治体であれば，各地域の事情や特性を丁寧に，細やかに反映させることは難しくなる。また，その自治体の中でも，重点地域があれば，そうした地域での取り組みが，他の地域よりも多いということもある。つまり，市の計画は，市全体の計画であって，地域の計画ではないということに注意が必要になる。そのため，必ずしも，各地域の個別の課題を解決することを想定しているものではない。

　一方，地域住民にとってはどうかと言えば，自治体全体の計画にも，もちろん関心はあるが，もっと関心があるのは，自分たちが住んでいる地域（地区）のことであろう。自分たちの地域（地区）に対し，行政はどのように考え，何を行っていくのか，ということに関心を持っている。そのため，自治体の計画と地域住民の意識との間にはギャップが生じるのである。このギャップが，行政への不満となり，時に不信感を高めていく。そして，こうした不信感が高まっていけば，地域住民と行政の「対立」という，行政にとっても地域住民にとって「不幸せな同居関係」を強いられる。地域住民は，自らが引っ越しをしない限り，別の自治体を選ぶことはできないし，行政も地域住民を選ぶことはできない。お互いに，ノーチョイス（選択肢が無い）状態，同居をしなければいけない関係なのである。

　こうした「不幸せな同居関係」から脱するためには，各地域で，自らの地域の特性，状況，そして課題を発見し，その課題を解決するための計画を策定することである。そして，その計画に基づいて，自治体が必要なサポートを行っていくことである。

　計画を策定するだけでは，それは要望や陳情をとりまとめた「要望書」でしかない。その計画が，責任ある計画であるためには，具体的に実施していくこ

とも想定に入れた上で，その実施計画を策定することである。つまり，地域住民は考えるだけではなく，自ら行動を起こしていくことができる仕組みを作るということが必要なのである。その仕組みこそが，地域運営組織である。

5-4 「競争」から生み出される「協創」の仕組み：松阪市を事例に

　内閣府や総務省は地域運営組織についての検討を進めている。総務省は，「暮らしを支える地域運営組織に関する調査研究事業報告書」では，地域運営組織を以下のように定義付けている。

　「地域の生活や暮らしを守るため，地域で暮らす人々が中心となって形成され，地域内のさまざまな関係主体が参加する協議組織が定めた地域経営の指針に基づき，地域課題の解決に向けた取り組みを持続的に実践する組織。」

　また総務省での検討を踏まえて，政府のまち・ひと・しごと創生本部は，地方部の「小さな拠点整備」において期待される役割として，地域運営組織を位置付けている。2015年に公表された「まち・ひと・しごと創生総合戦略（2015改訂版）」では，地域運営組織を以下のように定義している。

　「持続可能な地域をつくるため，「地域デザイン」（今後もその集落で暮らすために必要な，自ら動くための見取り図）に基づき，地域住民自らが主体となって，地域住民や地元事業体の話し合いの下，それぞれの役割を明確にしながら，生活サービスの提供や域外からの収入確保などの地域課題の解決に向けた事業等について，多機能型の取組を持続的に行うための組織。」

　また，まち・ひと・しごと創生本部が2016年末に公表した「地域の課題解決を目指す地域運営組織―その量的拡大と質的向上に向けて―最終報告」では，地域運営組織を「「地域課題を共有」し，「解決方法を検討」するための「協議機能」と，「地域課題解決に向けた取組を実践」するための「実行機能」を有する組織に位置づけられる」とし，「協議」と「実行」の2つを強調していることが特徴的である。

　こうした地域運営組織の概念を踏まえながら，松阪市の住民協議会を確認し

てみよう。地域運営組織のあり方を検討する際に，松阪市の住民協議会の事例は多くの示唆を提供する。

松阪市では，山中前市長が就任する前の平成16年に住民協議会が設立され，平成21年までに8つの住民協議会が立ち上げられ，活動していた。従来，地域活動の中心となっているのは，自治会である。行政内部にも反対意見がある中で，山中氏によれば，「もちろん自治会の活動やこれまでの経緯を無視するつもりはない。とは言え，他の人達が関心を持たない状況のまま，地域運営を自治会だけに委ねていいのだろうか。若い世代，女性，消防団，NPO，公務員，様々な地域団体の連携を取っていく必要がある。」(山中 2011) という考えの中で，山中氏は，自らが市役所の職員や地域住民と対話を続けながら，43ある小学校区すべての地域に住民協議会を設立した。

住民協議会は，地域が主体的に，自ら問題を発見し，自ら解決していくことを実行するための仕組みであると言える。そのためには，従来の自治会だけではなく，山中氏が示唆するように，地域に関わるさまざまな主体が連携し，協働して取り組んでいく「場」が必要である。このような試みとしては，千葉市が地域運営委員会の設立を進めていたり，他自治体でもまちづくり協議会の設立を進めている。

地域が主体的に，自ら問題を発見し，自ら解決していくことを実行していくためには，仕組みとして，大きく2つの仕組みが必要である。まず，地域が主体的に，問題を発見し，解決していくための連携や協働の場づくりである。これが住民協議会を設置する意義である。もうひとつの仕組みは，住民協議会の取り組みを促進していくための支援の仕組みである。地域の活動を促進していくためには，カネ（資金），ヒト（人材），バ（活動拠点）などの支援が必要となる。

そこで松阪市では，地域の活動に個別に支出されていた補助金を統合し，一括交付金として住民協議会に交付するという仕組みとした。このことにより，地域が自ら抱える課題に対して，お金の使い方の傾斜配分を行うことが可能になった。例えば，自分たちの地域では「高齢者の方へのサービスを手厚くした

い」ということを考えるのであれば，そのための予算措置が可能になる。地域が自ら判断し，そして創意工夫を行っていくことで，自分たちの地域の魅力を高めていくことが可能になった。

　しかしながら，交付金だけでは，地域の課題を解決していくことは難しい。そこで，松阪市では，政策コンペを行って，地域が創意工夫したアイディアについて，補助金を上乗せしていく「地域の元気応援事業」を進めた。「地域の元気応援事業」では，地域の特産品を活用した料理コンテストやレシピ集の作成，中高齢者の婚活事業，さらには地域間での連携など，ユニークなアイディアが提案され，そうした活動の支援が行われた。また政策コンペでは，行政が補助金を交付するだけではなく，民間企業が寄付をする形での支援も行われるようになった。このように，地域が創意工夫をするなかで，主体的に取り組みを進めていく事例が生まれている。

　また「ふるさと納税制度」を活用した支援も行われている。一般的に，「ふるさと納税」は自治体に対し行われ，その使途は自治体に委ねられる。しかし松阪市では，住民協議会の自助努力によってふるさと納税から寄付を受けられる仕組みとした。つまり，実質的に納税者が寄付先の住民協議会（使途）を選ぶことができる仕組みとしたのである。そのことにより，地域の活動の原資を獲得することができるとともに，その原資を獲得するための「努力」が必要になることにより，地域で考えることの重要性が，地域の中で共有できる。これにより，地域の主体的な取り組みを促進していくことが可能になる。

　さらには，民間企業と連携し，地域活動の原資を獲得していくということも行われている。例えば，イオングループのマックスバリュと連携し，毎月，特定の日の売上の一部が地域に寄付されるという仕組みが作られた。その結果，地域と企業との連携が進み，いわば協創が生まれていく。

　松阪市の住民協議会は，「競争と協創」を促す仕組みであるとも言える。つまり，地域が主体的に，自らの地域の課題を発見し，解決していく取り組みを行っていく上で，地域は創意工夫を通じて，自分たちの地域の魅力を高め，他の地域との競争の戦略としての「差別化」を考えていく。また，具体的に，活

動の原資を得るための競争が起きている。しかしながら，その競争は，他者を負かすための競争ではなく，時に，他地域と連携し，一緒に取り組みを進めていく，また，企業と連携し，取り組みを進めていくことで，新たな地域の価値，幸せを創り出していくという「協創」に結び付いていくのである。

　住民協議会のような地域の課題を主体的に発見し，解決していく主体には，ヒト（人材）も欠かせない。成功しているまちづくり協議会などの地域に関わる組織の多くは，その活動の核となる人材がいる。その人材は，元行政職員であったり，自治会，町内会，PTAなど地域コミュニティのリーダーであったりする。地域の課題解決は，仕組みを整備することだけでうまくいくわけではない。ヒト（人材）というソフトの存在が，その仕組みがうまく動いていくかということでは，重要な意味を持つのである。

　松阪市の住民協議会では，住民協議会の事務局を担う人材に，フルタイムの従業員という形式ではないが，交付金の中から謝金を支払うことができるようにしている。これによって，住民協議会の活動の核となる人材が役割と責任を担いながら活動していくことを促すとともに，住民協議会に関わる事務的な処理を円滑に進めていくことができるという効果がある。例えば，地域が補助金や助成金を活用していくという点で，ひとつネックとなるのは，その会計処理などの事務作業である。こうした作業を引き受けてくれる事務局の存在は，住民協議会の活動を安定させる。また，こうした事務作業に取り組むことを可能にするため，住民協議会の事務局担当者に研修を実施するなどの取り組みも行っている。こうした取り組みは，人材を養成するという点でも大きな意味がある。

　さらに，「バ」（活動拠点）の問題も考えていく必要がある。住民が主体的に，地域の課題を発見し，解決に向けて活動していく場合には，その活動拠点が必要になってくる。人々が定期的に集まることができる場所，事務局の場所などである。もちろん，このような場を，個人の住居などで提供することも考えうる。しかしながら，属人的な仕組みは，その提供者が存在しなければ成り立たないというリスクも同時に生じることになる。松阪市の住民協議会では，こう

した活動拠点として「公民館」を活用している事例も見られる。今後，公共施設の再整備等の問題を，各自治体は抱えていくが，社会教育施設としての「公民館」という役割だけではなく，地域の活動拠点としての「公民館」という意義を，公民館の役割に加えていくことも重要であろう。また，公民館だけではなく，廃校になった小学校，道の駅など，地域には，さまざまな資源がある。こうした資源を有効に活用していくとともに，これらの公共施設を地域で運営，管理していくという視点も必要であろう。

　ここまで，松阪市の住民協議会に基づきながら，住民が主体的に地域に関わり，地域の課題を発見し，課題を解決していくことを促し，支援する仕組みについて確認してきた。

　もちろん，地域には，すでに地域に関わる団体が存在し，また，それぞれの団体に目的があり，目的が異なれば，活動内容や考え方も異なることは当然である。各団体の，それぞれの活動へのコミットメントが強い一方，活動目的，内容，考え方が異なることで，うまく団体間の連携ができないという課題もある。これは，「アンチ・コモンズの悲劇」の問題を生じさせる。「コモンズの悲劇」は，資源の課題利用問題を示唆しているが，「アンチ・コモンズの悲劇」は，それぞれの資源利用に関する権利（例えば，ある資源に関する使用権や排除権）が強すぎる場合，資源の過少利用問題を生じさせ，やはり経済的非効率性を高めるという指摘[11]である。

　また，地域の各団体の地域へのコミットメントが高くなりすぎれば，その地域の運営は，その地域団体や，その地域団体に関わる人々に依存することにより，活動の持続可能性としては不安定である。

　こうした不安定性や経済的非効率性が高まることを回避していくためには，地域の経営推進会議というような仕組みを設けるとともに，その仕組みがうまく動いていくために必要なカネ（資金），ヒト（人材），バ（活動拠点）を行政が支援していくなかで，それぞれの地域の資源として有することができるよう

---

11) 詳細はHeller（1998），Heller and Eisenberg（1998），Buchanan and Yoon（2000）を参照されたい。

なコーディネートを行っていく必要がある。これが松阪市の住民協議会の事例から得られる示唆である。

ここで地域運営組織の課題についても確認しておく。まち・ひと・しごと創生本部の「地域の課題解決を目指す地域運営組織―その量的拡大と質的向上に向けて―最終報告」では，地域運営組織が抱える課題として，法人類型や法人格の取得，人材の確保，活動資金の調達，事業を進めていくためのマネジメントのノウハウ等の課題が指摘されている。

特に，ここで確認をしておきたいのは法人類型である。地域運営組織が経済活動や法行為の中で，法人格を持つことは重要なことである。その理由としては，例えば，地域の課題解決を進めていく上で，自治体の事業のアウトソーシングを受託する場合，また，民間事業者との取引を行う場合，当然ながら契約行為が発生する。その場合，法人格を有していなければ，代表者もしくは構成員が「自然人」として契約行為を行うことになる。また，金融機関の口座も個人が開設することになる。これは，契約主体であるその個人が大きなリスクを抱えることになるとともに，団体としても大きなリスクを抱えることになる。その団体に損害が発生した時には，その個人に損害賠償責任が求められるし，一方，その個人の行動が団体全体に損害を与えてしまうこともある。「善意」を前提にした仕組みは，時に，個人や団体を守ることができないかもしれない。さらに不動産等の資産取得に関しても，法人格を有していなければ，団体としての所有は難しい。そのためには，法人格を取得することが重要になる。

法人格を取得することを考えると，次に検討していかなければならないのは，その法人のガバナンスと資金調達の形態との関係であろう。

株式会社は，出資者を募り，出資者が「株主」となり，取締役を選任し，その会社を経営させる，という仕組みである。株主は，株式の売却や配当を得ることで，出資金を回収することが可能になる。また，出資金を回収するために，積極的に経営に関与していくこともできる。そのため，株式会社に資金を投下するメリットやインセンティブも高いため，比較的に資金を集めやすい仕組みになるだろう。一方，利潤の配当が求められるため，その分，サービスの価格

はNPO法人が提供するよりも高くなるかもしれない。

　NPO法人は，寄付を通じて，資金を調達していく。そのため，寄付をした資金提供者は，寄付金を回収することはできず，また株式会社のように配当を得ることもできない。さらに，資金提供者は法人の所有者ではないため，法人の運営に強く関与することはできない。そのため，サービスの価格は株式会社が提供するよりも安くなるかもしれないが，資金調達（資金繰り）は安定的ではないかもしれない。

　一般社団法人は，地域運営組織を想定する場合は，NPO法人の特徴と重複する部分が多い。異なる点は，第1にNPO法人よりも一般社団法人の方が，設立手続きが容易であることが挙げられる。第2に議決権について，NPO法人は「一人一票」であるが，一般社団法人は議決権の設定を自ら決めることができる柔軟性があることである。第3に一般社団法人よりもNPO法人の方が所管官庁の監督が厳しい。ただ，監督が厳しいことは悪いことばかりではなく，厳しいからこそ，法人への信用が得られるというメリットもある。第4に登録免許税や定款認証のための費用が一般社団法人では必要とされるということであろう。

　それぞれの法人形態の特徴を見た上で，それぞれのメリットとデメリットを整理するなかで，地域運営組織の性格に合う法人形態を検討していく必要がある。例えば，一般社団法人をベースとしながら，登録免許税や定款認証の費用を発生しないようにし，基金への拠出金に対し，配当は行えないが，出資者優待制度のようなものを認め，地方自治体が監督する「地域運営組織法人」という新たな法人形態を立法化することも視野に入るだろう。

5-5　施策に意見を反映させるための住民アンケート

　地域づくりにおける住民の意思をどのように反映していくか，集合的意思決定プロセスにおいて，どのように「納得」を創り出していくか，また住民が主体的に地域に関わり，地域の課題を発見し，解決していくための仕組みとして

のアンケート調査についても考えてみよう。

　行政の広報・広聴機能は，広報紙の発行，アンケート調査の実施，住民説明会，ワークショップなど，さまざまな手法を通じて，行政の情報が住民に提供され，また住民の意見を聴く機会を設けている。その中で，三重県松阪市が実施した「市民幸せ調査」や岐阜県関市が実施している「市民アンケート調査」[12]，茨城県笠間市の「市民実感度調査」[13]は，施策への重要度と満足度を調査するなど特徴的である。また，これらの調査は継続的に実施されており，経年変化も確認できることから，住民の意識や意見を市政に反映しやすい仕組みとなっている。

　まず，それぞれの質問項目がどのように構成されているかを**表5-1**で整理する。松阪市，関市，笠間市とも，市の施策について「重要度」と「満足度」を調査している。これにより，市が取り組みを進めている施策に対して，住民がどのように感じているのかを整理することができるとともに，施策評価や総

表5-1　市民アンケート調査の項目

三重県松阪市	岐阜県関市	茨城県笠間市
市民幸せ調査	市民アンケート調査（せきのまちづくり通信簿）	市民実感度調査
1．回答者（個人）の属性	1．回答者（個人）の属性	1．回答者（個人）の属性
2．自分自身の暮らしの現状や考え	2．居住意向	2．笠間市の住みごこち・定住意識について
3．市政に関すること（重要度，満足度）	3．市政の情報発信について	3．49施策にかかる市民の実感について
4．まちづくりに関すること	4．市政に関すること	
5．市政の情報発信について	5．幸福感について	

出所：三重県松阪市「市民幸せ調査」，岐阜県関市「市民アンケート調査（せきのまちづくり通信簿）」，茨城県笠間市「市民実感度調査」に基づき，筆者作成。

12)　岐阜県関市「市民アンケート調査（せきのまちづくり通信簿）」，http://www.city.seki.lg.jp/0000007521.html

13)　茨城県笠間市「市民実感度調査」。平成25年度市民実感度調査集計結果，http://www.city.kasama.lg.jp/data/doc/1397729731_doc_81_0.pdf
　　平成26年度市民実感度調査集計結果，http://www.city.kasama.lg.jp/data/doc/1431648605_doc_81_0.pdf
　　平成27年度市民実感度調査集計結果，http://www.city.kasama.lg.jp/data/doc/1460608185_doc_141_0.pdf

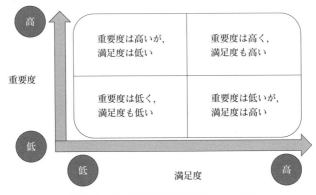

図5-1　重要度と満足度のマトリックス

合計画等の策定に向けた有益な情報を得ることができる。

　また「重要度」と「満足度」の2つの軸で，施策を整理すれば，**図5-1**のようなマトリックスを作成することができる。

　第1象限は，「重要度」と「満足度」が共に高い施策の群である。この時の「重要度」とは，行政が考える「重要度」ではなく，住民が考える「重要度」であるので，住民にとって「関心が高い」施策と言い換えるともできる。つまり，住民が関心を持っている（重要だと考えている）施策の満足度が高いということであるので，最も評価されている施策ということになる。

　第2象限は，「重要度」は高いが，「満足度」は低いという施策の群となる。住民は，こうした施策のテーマに関心を持っており，市に取り組みを進めてもらいたいと思っているが，その施策の内容に満足をしていない。つまり，この群にある施策が行政にとっての課題であると言える。そこで，この群にある施策については，改善を行いながら，施策の満足度を高めていく努力が求められる。

　第3象限は，「重要度」は低いが，「満足度」は高いという施策の群である。住民にとって，関心が高いわけではないが，これらの施策については満足をしているという評価である。この群の施策で重要なのは，満足度を低めることが

ないように，安定的に継続をしていくということである。ここでいう「安定的」という言葉は，投下される資源（予算，人員等）が変わったとしても，同じだけの満足を提供していくことができるようにする，ということである。財政制約が生じている時には，予算付けの優先順位としては，より重要度が高い施策に予算を付け替えていく必要がある。その場合に，予算や人員を減少させたとしても，同じだけの住民にとっての満足を提供できるかどうかが重要なポイントになる。そのためには，技術の導入，業務フローの改善等を通じて，安定的な満足度を得られるようなイノベーションを続けていく必要がある。

第4象限は，「重要度」も「満足度」も低いという施策の群である。住民にとって，関心は高いわけではないが，満足もしていないという評価である。この群にある施策は，「重要度」という視点から見れば，必ずしも優先度が高いわけではない。そのため，予算付けにおいて，この群にある施策よりも，より重要度が高い施策に予算付けが行われていることも考えられる。この群の施策については，実施方法の変更や場合によっては事業の縮小が検討される可能性がある。もちろん，こうした検討は，この群にある施策の重要度が将来的に高まっていく可能性も踏まえながら，進めていく必要があるだろう。

こうしたアンケート調査の結果を踏まえると，行政が取り組むべきことの論点が明らかになってくる。ひとつは，第2象限から第1象限への移行をどのように進めていくか，ということである。つまり，重要度が高い施策のうち，満足度が低い施策の改善である。もうひとつは，第4象限から第3象限への移行というベクトルも考えるなかで，施策の実施方法を変更していくかということである。予算付けの優先順位としては，やはり「重要度」が高い施策から予算を付けていくことになる。しかし，「重要度」が高くなくても，実施していかなければいけない施策もある。この場合，どのように，こうした施策を実施していくのか，ということを考えていく必要がある。

松阪市，関市，笠間市の3市のアンケート調査を比較すると，異なっている点も見えてくる。ひとつは，松阪市のアンケート調査では，回答者自身の幸せ観や暮らしへの感じ方を丁寧に聞いているという点である。つまり，個人の内

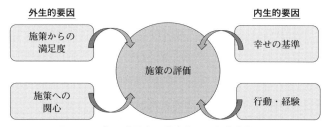

図5-2　住民満足度の外生的要因と内生的要因

生的な属性も捉えながら，住民にとって「幸せなまち」とは何か，ということを明らかにしようとしている点が特徴的である。

　また関市や笠間市のアンケート調査では，居住・定住の意向を聞いている点である。「住みごこち」を確認するとともに，定住の意向，もしくは移住の意向を確認している。その上で，移住の意向について，その理由も聞いている点が特徴的である。市民の移住の意向を聞いていくことは，現在，市に居住する住民の移住を抑制していく（人口減少を抑制していく）ための施策の検討材料になるだけではなく，今後，市への移住を促進していく（人口増加を促進していく）ための施策の検討材料にもなる。人口減少時代に合ったアンケート調査と言えるだろう。

　松阪市，関市，笠間市の3市のアンケート調査から得られる示唆は，住民の意見を集合的な意思決定プロセスの中で，反映させていくためには，施策内容などの外生的な要因だけではなく，内生的な要因を調査した上で，質的な「満足度」を確認していく必要があるということである。

　図5-2で表しているように，住民の「満足度」は，施策の内容だけで評価されるものではない。もちろん，施策の内容という外生的な要因は，住民の「満足度」に大きな影響を与える。しかし，その評価は，回答者である住民一人一人の属性，回答時の背景などの内生的な要因もバイアスとして影響を与える。ここでは，内生的な要因を，松阪市，関市，笠間市のアンケート調査から「関心（重要度）」，「幸せ実感度（幸せの基準と実感度）」，「行動」としているが，この他にも，回答者の「心境」，「感情」などもある。そもそも，世の中に

不満を持っている人は，ポジティブな捉え方で，「満足度」を表現するかどうかはわからない。自分が関心を持っている施策には「厳しい評価」をするかもしれないし，自分が関心を持っていない施策には，関心がある施策に比べて，「甘い評価」をするかもしれない。自分が実際に行動をしている人は，関心を高く持っており，施策に対して考えていることがあるかもしれないが，あまり行動をしていない人は，関心も低く，施策に対して，特に不満を持っていないかもしれない。

　施策の内容と満足度との関係だけで見れば，こうしたバイアスを排除することは困難である。そこで，回答者の内生的な要因を把握することで，適切な「満足度」を把握することが可能となる。

5-6　選挙だけではない「シルバー民主主義？」現象

　こうしたアンケート調査を通じて，住民の意見を集合的意思決定のプロセスの中で，反映させていくことは可能である。しかしながら，こうしたアンケート調査にも限界がある。その限界のひとつは，アンケートの回答者の世代が偏ってしまう可能性があるということである。

　これまで見てきた松阪市，関市，笠間市の回答者の世代別割合を表5-2で確認する。松阪市の平成24年の調査では，50歳代以上の回答者が約60％を占めている。関市の平成27年度の調査では，62.2％を占め，笠間市の平成27年度の調査では，65.57％を占めている。一方，2015年の国勢調査では，松阪市の50歳代以上の人口割合は47.26％，関市は46.91％，笠間市は49.45％であった。このように，各市の人口の高齢化の影響もあるが，回答者の世代割合と人口構成の世代割合には，13％から16％ほどのかい離が見られる。つまり，アンケート結果においても，世代の偏りが出てしまう可能性が示唆される。

　少子化，高齢化による人口構造の変化と若年世代の投票率の低さに伴い，現在，選挙に関して「シルバー民主主義」と呼ばれる集合的意思決定の偏りの問題が指摘される。八代（2016）では，日本のシルバー民主主義の特徴として，

表 5-2　回答者の世代別割合

松阪市

	平成17年度	平成21年度	平成24年度
10歳代	4.8%	5.7%	3.5%
20歳代	8.3%	9.8%	6.8%
30歳代	12.0%	14.0%	12.9%
40歳代	13.8%	13.8%	15.6%
50歳代	17.9%	17.9%	15.4%
60歳代	19.3%	19.4%	20.8%
70歳以上	21.0%	18.7%	24.2%
不明・無回答	2.9%	0.9%	0.7%

関市

	平成24年度	平成25年度	平成26年度	平成27年度
10歳代	0.5%	0.6%	1.4%	1.5%
20歳代	7.1%	5.9%	6.7%	7.4%
30歳代	12.2%	13.1%	9.7%	10.2%
40歳代	13.8%	13.3%	16.0%	15.1%
50歳代	18.2%	15.6%	15.8%	18.4%
60歳代	22.6%	24.6%	27.1%	24.3%
70歳以上	23.3%	24.6%	22.3%	19.5%
不明・無回答	2.2%	2.3%	0.9%	3.6%

笠間市

	平成25年度	平成26年度	平成27年度
10歳代	1.41%	2.47%	2.25%
20歳代	7.03%	7.40%	5.12%
30歳代	16.06%	11.76%	10.86%
40歳代	18.27%	9.49%	15.98%
50歳代	18.47%	16.89%	16.80%
60歳代	24.70%	28.46%	29.30%
70歳代	13.65%	15.56%	18.24%
80歳以上	0.40%	7.78%	1.23%
不明・無回答	0.00%	0.19%	0.20%

出所：三重県松阪市「市民幸せ調査」，岐阜県関市「市民アンケート調査（せきのまちづくり通信簿）」，茨城県笠間市「市民実感度調査」に基づき，筆者作成。

次の3点を指摘している。まず，「社会保障制度や企業の雇用慣行において，若年者より高齢者を優先することによる，世代間格差の広がり」である。次に，

「政府を通じた画一的な所得移転を重視し，借金に依存した日本の社会保障の現状を放置する近視眼的な政策」である。そして，「過去の日本経済の成功体験に縛られ，経済社会の変化に対応した新たな制度・慣行へ改革することに対する消極的な姿勢と先送り志向の強まり」である。つまり，シルバー民主主義は，政策決定において「近視眼」的かつ現状を維持するような政策が選ばれやすくなり，また，経済社会の変化に対し，硬直化が進み，将来を見据えた改革を阻害する。その結果，世代間の格差が拡大していく可能性が指摘されるのである。

　しかしながら，高齢者の意思決定行動は，短期的な合理性のみを追求しているのであろうか。もし，高齢世代と若年世代が断絶し，その間にコミュニケーションや情報の共有がなければ，その可能性も否定できない。また，地域が抱える現在や将来の課題，また自治体の取り組みなどの情報を知らなければ，自身の選好のみに基づいた行動を選択するかもしれない。しかし，情報をよく知り，また，相互理解が進むのであれば，高齢世代は若年世代の選好も考慮して，自身の行動を選択する可能性がある。例えば，高齢世代が孫のことを考慮して，選好を変更する可能性は十分にある。

　つまり，シルバー民主主義の問題は，集合的意思決定プロセスに，世代を超えた「対話」と「相互理解」の機会を設けることにより，緩和させることができる可能性がある。そのひとつの工夫として，筆者らが取り組みを進めている「意見交換型住民意識調査」がある。

　「意見交換型住民意識調査」は，討論型世論調査をベースにしたアンケート調査とワークショップを併用した意識調査である。討論型世論調査は，「熟議」を通じた集合的意思決定プロセスとして，日本において，政府や地方自治体が取り組まれた事例がある。討論型世論調査については，曽根他（2013），柳瀬（2005,2012, 2013）など，日本では，慶應義塾大学DP研究センターが中心となり，実践事例やDPに関する研究を進めている。討論型世論調査の特徴は，討論型世論調査に参加者が，議論する政策を知り，議論を通じて，理解を深めていくことで，意見が変化していき，最終的な結論にたどり着いていくというプロセ

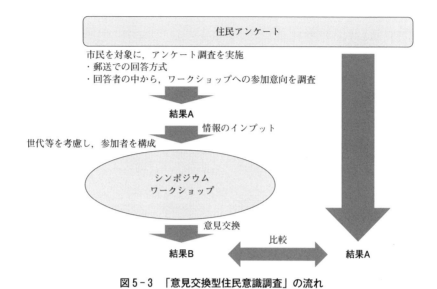

図5-3 「意見交換型住民意識調査」の流れ

スを重視する民主主義の方法である。

　筆者らが，ある地域で実施した「意見交換型住民意識調査」では，無作為抽出の市民に対し，①市の魅力，課題，②まちづくりの方針と評価（これまでの取り組みで良かったと思う事項，現在，5年後，10年後に取り組むべき項目），③市の財政状況，④総合的な評価，の主に4つの大項目で構成されるアンケートを実施した。またアンケート調査後に，ワークショップを開催した。「意見交換型住民意識調査」は，**図5-3**のような流れになり，アンケート調査のみよりも，より住民の現実的な意見を聴くことができる。

　ワークショップ当日は，アンケート調査結果を共有するとともに，市が取り組みを進めている内容についての情報提供が行われた。また，情報提供後に参加者向けのアンケート調査を実施した。

　グループディスカッションは，大きくは午前と午後の2部構成とし，午前は，市の取り組みとして，今後，必要であることを検討し，午後は，地域の課題解決に対して，「地域でできること」，「地域と行政が協働してできること」，「行

政がやること」を整理していった。午前の部と午後の部の終了時には，それぞれ，グループディスカッションの内容を全体で共有する時間も設けた。また，開始時に参加者向けに行ったアンケートの結果も，午後のグループディスカッションの前に共有し，参加者が相互にどのような意識や意見を持っているかを確認した。そして，終了時に，再度，参加者向けにアンケート調査を行い，参加者が開始前と終了後の2時点において，意見がどのように変化したかを確認した。

大きな変化として見られるのは，現在，取り組むべきことについて，例えば「子ども・子育て支援」の割合が大きく増加したということである。これは，今回のワークショップを通じて，「子ども・子育て支援」が，その市にとって，中長期的に重要であるという認識が共有できたという結果であると言える。

一方，5年後に行うべきこととして，割合が大きかった「地域福祉，高齢者福祉　障がい者福祉」の割合が開始前と終了後を比較すると，終了後の方が低くなっていることが興味深かった。これはディスカッションを通じて，「地域福祉，高齢者福祉　障がい者福祉」が重要であるという意見から，「子ども・子育て」が重要であるという意見に変化していったと考えられる。世代間での対話が行われることにより，人々の選好が変化したと言える。こうした変化がアンケート調査にワークショップを組み合わせる大きな意義である。つまり，一般的なアンケートであれば，短期的な合理性，利己的な合理性を追求するような選択行動が見られるが，アンケート調査にワークショップを組み合わせることで，短期的な合理性とともに，中長期的な合理性も踏まえて，選択が行われる可能性が示されている。

5-7　地域づくりは幸せづくり

本章では，地域づくりにおいて，住民の意思を，その集合的意思決定のプロセスの中で，反映させていくとともに，住民が主体的に地域の課題を発見し，解決していくための方法を考えてきた。地方創生とは，地域が自らの「幸せ」

を追求し，その実現のために，地域自らが，地域の潜在的な資源を活用していきながら，創意工夫を通じて，地域づくりを行っていくことである．それは必ずしも人口が増加したり，経済が発展したりすることに限らず，その地域が持続可能性を高めていくことが必要である．

その仕組みとして，三重県松阪市のシンポジウムシステムや住民協議会の事例を確認してきた．氷見市のワークショップも，新たな試みとして注目されている．また，松阪市，関市，笠間市の市民アンケートも住民の意識を施策に反映させていくという点で，有益な仕組みである．さらに，アンケート調査とワークショップを組み合わせることにより，地域のことをよく知り，理解し，世代を超えた相互理解を共有しながら，地域のことを考えることができる可能性も検討してきた．

このような仕組みは，仕組みだけを設計しても，結果を生み出すわけではない．しかしながら，仕組みを作り上げることで，少なくとも，「誰かがいなければできない」という属人的な取り組みのレベルを脱することができる．そのためには，やはり仕組みを作り上げていくことが必要である．

こうした仕組みの結果や成果に関わるのは，ソーシャルキャピタル（社会的関係資本）の大きさである．地域が持つ社会的なネットワーク，互酬性，信頼といったソーシャルキャピタルは，地域における取引費用を削減する可能性がある．アンケート調査においても課題であった，若年世代の回答率の低さ，シンポジウムやワークショップへの参加率の低さは，もしかすると，ソーシャルキャピタルが大きければ，高くなる可能性もある．少なくとも，近しい人に依頼されれば，その人との人間関係（つきあい）を考慮して，参加する時のメリット，断った時のコストを，選択基準に入れる可能性があるからである．

地域づくりとは，幸せづくりである．何が幸せかを決めるのは，その地域の住民自身である．住民自らが，自分たちの「幸せ」の定義を決め，それに向けて実行していくことこそが地方創生であり，誰かが決めた一元的な幸せの基準を，すでに決められているパッケージを通じて追い求めていくことは，本来の地方創生ではない．

第6章　地域の幸せを高めるコミュニティマネジメント

6-1　地域づくりを支えるコミュニティ：Destination Welfare Community

　魅力ある地域づくりの事例の多くは，政府が「地方創生」というスローガンを打ち出す前から，それぞれの地域が抱える課題に対して，さまざまな関係者が，その課題解決に関わり，創意工夫を重ねながら，魅力的な地域づくりを進めてきた。各地の地方創生の取り組みで懸念されるのは，「地方創生」以前から取り組まれてきた地域づくりではなく，魅力的な事例の「模倣」のみで終わることである。

　もちろん，魅力的な取り組みを参考に，ヒントを得て，自分たちの地域づくりに生かしていくという視点は必要である。しかしながら，他の地域では魅力的な取り組みであったとしても，自分たちの地域に住む人々の「価値観」とは異なる取り組みであれば，その地域に必要な取り組みではなくなる。

　地域づくりとは，地域に住む人々の「価値観」に基づいた「選択」の中で，その地域に住む人々の幸せや痛みを分かち合い，地域に住む人々が，行政や民間企業，NPO，地域に関わる諸団体，大学，さらには地域外の協力者と一緒になって取り組んでいくことが重要である。

　地域づくりの取り組みを実現していくためには，地域づくりを進めていく活動主体（コミュニティ）としての仕組みを創っていく必要がある。その「コミュニティ」そのものがソーシャルキャピタル（社会的関係資本）であると言える。あえて「地方創生」という言葉を使えば，「地方創生は「コミュニティ」

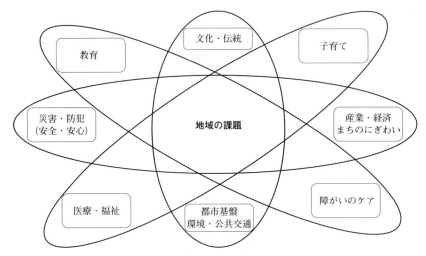

図6-1 地域の課題に関する概念図

によって差が付く」と言える。

　地域には，さまざまな課題がある。**図6-1**のように，子どもから若者，高齢者のあらゆる世代の課題，障がいを抱える方のサポート，そして地域の都市基盤，環境，公共交通の問題，文化・伝統の継承・継続，防災や防犯など地域の安全や安心に関わる課題，農業・漁業も含む産業・経済，まちのにぎわいに関わる問題などである。

　このような課題に対応しながら，その地域に住む人々にとって，「こうありたい」地域の姿を維持し，また，「こうありたい」姿を目指していくためには，地域が自ら課題を発見し，主体的に課題を解決していく力を持っていく，そうした地域のエンパワーメントが必要である。

　地域をエンパワーメントし，地域の福祉（幸せ）を高めるような「機能」，「ルール」，「マネジメント手法」を持つ地域運営組織のことを「Destination Welfare Community（DWC：地域の福祉（幸せ）に関わるコミュニティ）」と位置付ける。DWCは，地域の幸せを，地域の人々が共に分かち合い，幸せを高めるために，地域づくりに取り組むコミュニティであるとも言い換えることが

できる。

　コミュニティという言葉には，MacIver（1917），Hillery（1955）など多くの識者の考え方があるが，本書では，コミュニティを次のように定義する。「何らかの帰属意識を持つ主体が，何らかの共通の目的を達成するために，互恵関係（互酬性）の構築を通じて，連携・協働しながら，新たな価値を創造する集団もしくは集合体。」

　DWCにおける「何らかの帰属意識」とは，地域（もしくは地域社会）への帰属意識であり，DWCは地域性に規定される。また「何らかの共通の目的」とは，コミュニティに参加する人々がより良く生きる（well-being）ために，その人々の福祉（welfare＝幸せ）を高めることである。つまり，特定の地域に関係する主体が，その地域の人々，コミュニティに参加する人々の福祉（幸せ）を最大化するために，互恵関係を創りながら，連携・協働して，社会的な価値を創出していくコミュニティであると言える。

　一般的に「コミュニティ」という言葉からは，単一の「集団」や「集合体」がイメージしやすいかもしれない。しかしながら，DWCは，そうしたミクロ主体としての「コミュニティ」ではなく，むしろ，より広義な意味で「仕組み」としての「コミュニティ」を想定する。

6-2　福祉ミックス論とDWC

　ここで，DWCの位置付けについて福祉ミックス論や横山（1996）の参加型社会の議論をベースに確認をしてみよう。市場の失敗に加え，政治の失敗や政府の失敗は，公共選択論の分野から多くの研究の蓄積がなされてきた。そうした背景の中で，「福祉ミックス論」の考え方が議論されてきた。福祉ミックス論とは，丸尾（2002）[1]によれば，次のように整理されている。

　市場システム，政府の公的計画システム，インフォーマル・システムが，

---
1)　加藤・丸尾（2002）に所収。丸尾直美「第2章：福祉政策の第三の道：ポスト福祉国家への改革」，pp.27-47。

「それぞれの長所を生かして，その最適な組み合わせを実現するという形で，新自由主義の主張を取り入れつつも，福祉国家論を発展させようとするのが福祉ミックスの積極的理念である。」

　ここで資源配分の問題を考えてみよう。公共政策における主要な政策課題のひとつは，言うまでもなく，資源配分問題である。資源配分問題とは，限られた資源を，どのように適切に配分していくかという問題であり，そこでは公平性や効率性といった判断基準から，その配分方法が検討される。

　市場というシステムでは，「価格」というシグナルに基づきながら，いわば「神の見えざる手」によって，資源配分が決定される。しかしながら，不完全市場における資源配分は，独占，外部性，さらには格差という「市場の失敗」が生じる可能性がある。そもそも，「神の見えざる手」という市場による適切な資源配分が成り立つためには，その市場に参加する人々の「倫理性」や「道徳観」が前提条件となる。「競争」の前提となるのは「同感（シンパシー）」の存在が不可欠である。そして「同感」を通じて，人々は公正な第三者の視点を意識し，それが市場における制御となろう。

　また，政治や政府は，こうした市場の失敗を補完する機能を持つ。民主主義社会において，政治や政府は，選挙と立憲的なルールによって統制され，適切な資源配分を実現しようとする。しかし，政治や政府は，本当に選挙や立憲的なルールによって，本当に統制されるのであろうか。いわゆるレントシーキングの問題，政治家や政党の得票最大化行動，官僚の予算や権限最大化行動は，資源配分を歪める可能性がある。こうした指摘が政治の失敗や政府の失敗である。

　民主主義も，例えば，ポピュリズムによって，冷静な判断なく，時に間違った決定をする可能性がある。歴史は民主主義が独裁を生み，多くの国民の幸せを奪ったことも知っている。しかしながら，これも民主主義である。民主主義は，時に暴走し，人々に鋭い刃を差し向けることもある。

　矢尾板（2008b）では，ここで法やルールの存在が，政治の失敗や政府の失敗を補完することができるかを検討した。もちろん，法やルールは，民主主義

プロセスにおける適正な手続きに基づけば，変更は可能である。しかしながら，その変更のためのルール（適正手続き）や条件が厳しければ，民主主義が暴走していかないための一定の抑止力にはなるため，政治や政府の失敗を補完する有効な制度になると考えられる。一方，その法やルールの実効性が適切に担保されなければ，その法やルールの抑止力は間違いなく，低下する。為政者が法やルールの執行者としての権限を持っている場合，その法やルールが持つ抑止力を緩和したいのであれば，法やルールを変更するのではなく，法やルールの実効性を引き下げることを選ぶだろう。まさに「骨抜き」が行われる。

このように考えれば，法やルールも失敗する。そこで，矢尾板（2008b）では，市場，政治，法やルールといった3つの制度を適切に組み合わせ，相互補完により，制度の失敗を緩和することを提案する。

福祉ミックス論では，3つ目のシステムとして，インフォーマル・システムを位置付けている。

丸尾（2002）では，インフォーマル・システムを，次のように特徴付けている。「市場システムと違って人間味の強いシステムであり，近代国家の場合は愛・信頼・互酬性・慣習などによって秩序が維持される。」またインフォーマル・システムの主体としては，家族，ボランティア，NPOなどが位置付けられている。

例えば，医療の問題を考えてみる。市場システムでは，民間の医療事業者が病院を開業したり，総合病院において診療科を増設したりしてするなどして，地域に医療サービスを提供する。政治（行政）のシステムでは，公立病院を運営したり，民間の大学病院と連携しながら，市民病院を運営したりするなどして，やはり地域に医療サービスを提供する。また，高齢化が進展していくなかで，医療財政は増加していく。その中で，必要なのは，そもそも「病気にならない」，つまり「未病対策」である。「未病対策」にも，いろいろとあるが，例えば，地域の中で，健康を維持するための体操に取り組んだり，運動の機会を提供したりすることも有効である。このとき，民間の医療事業者や行政が取り組みを進めていくのではなく，地域の自治会，町内会，NPOなどが取り組む

ことが期待される。こうしたインフォーマル・システムは，コミュニティと言い換えることができる。コミュニティは，コミュニティのままの場合もあるし，自治会，町内会，NPO法人，さらにはさまざまな法人形態に制度化されることもある。

本書では，インフォーマル・システムのことを広義の「コミュニティ」として捉えることにする。

福祉ミックス論は，丸尾（2016）[2]でも指摘するように，「経済学でいう経済政策のポリシー・ミックス論の社会経済システムへのアナロジカルな適用」をした考え方である。つまり，福祉（人々の幸せ）に関わる政策分野における市場，政治，コミュニティという複数のアプローチを混合した考え方であると言える。

ここで考えなければならないことは，それぞれのシステムは完全に独立をしているわけではなく，複数のシステム（制度）が相互に補完をし合っているという点である。医療の問題で言えば，例えば，夜間や休日診療については，民間の医療事業者と公立病院等が連携するなどしている。例えば，地元医師会が輪番制で，休日診療を行ったり，公立病院の休日，夜間診療の当番医として協力したりすることも多い。地域のコミュニティが行う健康体操や運動の促進のための活動に，行政が助成金等を通じた支援を行ったり，ポイントを付与したりすることもある。また，民間事業者も，こうした取り組みに協力・連携したり，コミュニティとの情報共有を図ったりすることもある。このように市場，行政（政治），コミュニティは，共に補完しながら，地域の医療サービスを提供しているのである。

横山（1996）では，こうした補完性を踏まえ，「参加型社会」のイメージを示唆している。地域社会が直面する課題を解決する措置として，市場，政治，倫理という3つの装置があることを踏まえ，参加型社会を次のように定義する。「市場・政治・倫理の各領域における行動主体が相互の領域に参加し各々の活

---

2) 丸尾・宮垣・矢口（2016）に所収。丸尾直美（2016）「なぜ，いまコミュニティ再生か」，pp.2-18

第6章 地域の幸せを高めるコミュニティマネジメント

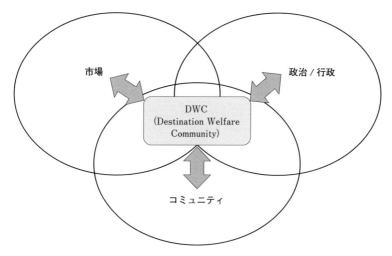

図6-2　DWCの概念

動を補完し合い，複雑な課題を解決しうるような諸制度をもった社会。」

　横山（1996）が言う「倫理」の装置とは，福祉ミックス論における「インフォーマル・システム」と置き換えることができる。インフォーマル・システムを制御，コントロールするものは，道徳や倫理であり，信頼や互恵性などであろう。つまり，横山（1996）で言う「倫理」とは「コミュニティ」とも考えられる。

　地域の福祉（幸せ）を高めていくためには，市場，政治（行政），そして，コミュニティが，それぞれ機能していくとともに，相互に補完し合いながら，仕組み全体として，価値や効果を最大化していく機能なり，制度の存在が必要となる。市場での資源配分は，行政（政治）やコミュニティの資源配分に大きく影響を与えることがある。これは行政（政治）やコミュニティの資源配分も同様である。それぞれのシステム（制度）の相互補完性，相互影響力は，この仕組みにおける大きな関心事になる。

　そこで，それぞれの機能を統合し，また相互に補完し合い，全体として価値を高めていくためのコーディネーション機能やマネジメント機能が必要なので

ある。そうしたケイパビリティ（潜在能力）を持つ主体がDWCである。DWCは，**図6-2**のように市場，政治，コミュニティをつなぎ，それぞれの機能が十分に働くことで，価値や効果を高めるようにコーディネートするとともに，全体の価値や効果をも高めていく仕組みである。

6-3　「3つの資本」

　地域の福祉（幸せ）を高めていくためには，地域課題を解決する力が必要となる。経済成長が労働力や資本，技術に基づき生み出されるのと同じように，地域の福祉（幸せ）を高めるための力の源泉にも，「資本」が必要となる。特に，地域の課題解決力は，**図6-3**のように経済的資本，政治的資本，社会的関係資本が関わってくる。さらに，これら3つの資本は，相互に影響を与え合っている。

　市場における資本は，経済的資本である。これは資金，設備などの物的資本と考えれば良い。政治（行政）における資本は，政治的資本である。そしてコミュニティにおける資本は，社会的関係資本（ソーシャルキャピタル）である。

　ここで政治的資本の考え方について整理する。政治的資本とは，政治的な実行力を形成する源泉である。例えば，決定権限，議会の占有率，支持率，選挙での勝敗などは，政治的資本として捉えられる。あるリーダーが政治的な実行力を持つためには，そもそも決定するための権限を持っていなければ，ある政策を決定し，実行していくことはできない。

　昔，「踊る大捜査線」というドラマで，織田裕二演じる「青島刑事」に，柳葉哲郎演じる「室井管理官」が，組織を変えるためには「上に行かなければならない」ということを言うシーンがあった。

　何かを実行するためには，決定することができる立場になり，その立場に属する権限を活用していくことが必要である。内閣総理大臣の権限，内閣官房長官の権限，各大臣の権限，東京都知事の権限，権限の大きさは，その立場に規定される。

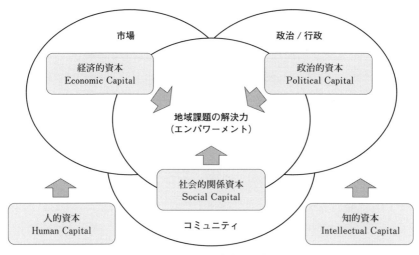

図6-3　3つの資本の概念図

しかし内閣総理大臣になり，権限を持ったとしても，それだけでは実行することはできない。次に考えなければならないことは，権限を執行していくための環境をいかに整えるかということである。権限を持つ立場になったとしても，その権限を実質的に執行する者が別に存在すれば，権限を執行し，実行することはできない。鎌倉時代は将軍であっても，実質的な権限は持っておらず，実質的な権限は執権が持っていた。

「数は力なり」という言葉もある。権限を持つ立場であり，かつ，その実質的な権限を持っていたとしても，例えば，議会制民主主義の場合，議会において，少なくとも総議席数の過半数を超える勢力を持たなければ，政策を実行するための立法は困難にある。日本においては，憲法改正には，両院の3分の2以上の議席数を占めていなければ，国民に対する国会発議もできない。

1989年の参議院選挙以降，日本政治は，たびたびの「ねじれ国会」を経験してきた。ねじれ国会とは，衆議院と参議院の多数を占める勢力が異なる現象である。ねじれ国会では，衆議院の優越性から，衆議院の多数派を形成する政党や勢力が与党になるが，一方で，参議院では野党が多数派を形成することにな

る。2007年の参議院選挙後の「ねじれ国会」では，衆議院での与党の勢力は，3分の2を超えていたので，衆議院で再可決可能であったが，参議院で内閣総理大臣への問責決議等が可決されるなど，しばしば政治が停滞した。ねじれ国会は，日本の政治の混迷と停滞の要因となっていた。ここから議会の多数派を形成するということも，政策を実行していくための源泉となっていることがわかる。

　また権限を執行できたとしても，反対者が多ければ，反対を押し切って実行したとしても，その効果は低くなってしまうかもしれない。世論からの支持がなければ，いかに「正しい」政策であっても，一部の強い反対勢力との戦いに勝てずに，実行することができないかもしれない。一部の反対勢力に対抗していくためにも国民からの支持は必要不可欠である。

　本書では，独自のインターネットモニター調査「生活環境と幸せ実感度に関するアンケート」を全国の男女211名を対象に実施した。このモニター調査は，大きくは，以下の5問に分かれている。①現在や将来の生活について感じていること，住んでいる街について感じていること，どのようなことが「幸せを感じる基準」になると感じるか，について，②2011年以降の選挙での投票行動（選挙に行った，選挙に行かなかった，選挙権がない／選挙が行われなかった），③所得や貯蓄などの経済状態について，④生活の状況について（住宅，資産，就業状況）。①の問いにおいて，住んでいる街について感じていることの中で，自分の住む地域の首長に対する評価や支持の有無等について，「強く思う」，「思う」，「あまり思わない」，「思わない」の4つの選択肢で回答を得た。この回答結果に基づき，首長の支持が，どのような要因から影響を受けているかを確認した。具体的には，「自分が住む街の首長を支持しているかどうか」という項目と，「自分の街の首長にはリーダーシップがあると思う」，「自分の街の首長は，さまざまな改革に取り組んでいると思う」，「自分の街の首長の取り組みは評価できると思う」，「自分が住んでいる街は，首長よりも議会の方が発言力が強いと思う」という項目との間の関係について回帰分析を行うと，以下のような結果となった。

支持＝0.039リーダーシップ＋0.381改革＋0.489評価＋0.062議会＋0.044
　　　（0.584）　　　　　　　（5.489**）　（5.953**）　（1.493）　（0.346）
　**は５％水準で有意，（　）内はt値，自由度調整済みR^{2}は，0.784

　回帰分析の結果，首長の支持は，改革に取り組む姿勢や取り組みの評価から形成されることがわかる。当然ながら，リーダーシップをアピールするよりも，確実な実績と姿勢が重要であることが示唆される。

　選挙結果そのものも政治的資本を高めたり，低めたりする源泉となる。どんなに多くの反対があったとしても，選挙で国民の信を問い，国民が，そのリーダーを選挙で勝たせるのであれば，選挙後には，反対勢力は，その政策に賛成せざるをえなくなる。まさに，選挙は「錦の御旗」を与えるのである。

　最も象徴的であったのは，小泉内閣の「郵政解散」時の選挙であった。それまで反対論が強かった郵政民営化法案は，参議院で否決された。この時，小泉首相は，解散直後の記者会見で以下のように語った。

　「国会の結論が，郵政民営化は必要ないという判断を下された。私は本当に国民の皆さんが，この郵政民営化は必要ないのか，国民の皆さんに聞いてみたいと思います。言わば，今回の解散は郵政解散であります。郵政民営化に賛成してくれるのか，反対するのか，これをはっきりと国民の皆様に問いたいと思います。」[3]

　選挙の結果，国民は，与党に３分の２を超える議席を与えるものとなった。そして，一度は否決・廃案となった郵政民営化が実現した。このように，選挙での勝利は，政治的資本を高め，選挙での敗北は，政治的資本を低める。内閣が最も「改革に取り組むことができる」時期は，勝利した選挙の直後である。そこから時間が経過するとともに，政治的資本は徐々に低下していく。もちろん，選挙に敗れれば，政治的資本をさらに低下させることもあるので，選挙のタイミングの判断はリスクも伴う。

---

3) 首相官邸：小泉内閣総理大臣記者会見［衆議院解散を受けて］（2005年８月８日），http://www.kantei.go.jp/jp/koizumispeech/2005/08/08kaiken.html

市場では，資金，施設設備等の経済的資本が，市場による問題解決力を高めていく。医療の問題を考えれば，民間事業者は，開業や事業を継続していくために，資金が必要であるし，医療サービスを提供するための施設設備が必要になる。また，高度な医療サービスを提供していくためには，その医療サービスに必要な設備投資を行っていく。これは医療に限らず，介護や子育て支援においても同様である。待機児童問題について，市場を通じて問題を解決することを考えれば，民間事業者が保育サービス市場に参入するため，保育所を開設するための土地や建物を購入したり，賃借したりする。そして保育サービスを提供するために必要な設備投資を行っていく。そのためには，資金が必要になる。

　コミュニティにおいて重要な資本は，社会的関係資本（ソーシャルキャピタル）である。社会的関係資本について，ハーバード大学のロバート・パットナム教授は，「信頼」，「互酬性の規範」，「社会的ネットワーク」と定義する。この定義を，もう少しわかりやすく理解するために，具体的な要素として整理してみる。内閣府（2003）では，「信頼」を測る要素として，「信頼」の要素を，「一般的な信頼」と「相互信頼・相互扶助」と整理し，他者に対する信頼感を具体的な指標として考えている。「社会的ネットワーク」の要素は，「近隣でのつきあい」，「社会的な交流」を位置付け，友人とのつきあい，隣近所とのつきあいなどを具体的な指標として考えている。「互酬性の規範」の要素は，社会的活動への参加とし，地縁的活動への参加，ボランティア・NPO・市民活動への参加を具体的な指標として考えている。

　こうした指標は，アンケート調査に基づく，主観的な回答結果にはなるが，その地域に住む人々が，他者にどのような信頼感を持ち，日常的に，どのような交流をしており，そして地域活動等に参加しているのかということを把握することで，そのコミュニティの「質」を表すことができるようになるだろう。

　コミュニティの質として，社会的関係資本が高い地域は，その分，コミュニティをベースに問題を解決することができる可能性が高まる。健康，高齢者の方の見守り，子育て支援，さらには防犯，防災など，地域に関わるさまざまな問題に対し，コミュニティが果たす役割は大きい。

例えば，隣近所が顔見知りであり，朝のゴミ出しのときに，お互いに会話をする，自治会や町内会の活動で，お祭りに参加するなどが日常的に行われていれば，防犯や高齢者の方の見守り，声掛けをすることができるかもしれない。そうすれば，市場によって提供される警備サービスを利用しなくても，その地域の安全や安心を高めることができるかもしれない。

また，子どもたちも，地域の大人たちを地域の活動等で，よく知っているとする。学校からの帰宅時間に，高齢者の方が子どもたちの見守りも兼ねて散歩してくれれば，その地域の子どもたちの安全性は高まるだろう。

また相互の信頼は，取引費用を低減させ，経済的なパフォーマンスを高めることも期待できる。信頼が持てない相手との取引では，多くの契約手続きをかわし，また問題が起きた時は，司法手続きをとる必要があり，コストは高くなる。しかし，信頼が持てる相手との取引は，そこまで多くの契約手続きは必要ないかもしれないし，問題が起きたときも，当事者間の交渉・話し合いで問題を解決することができるかもしれない。このように考えると，社会的関係資本は，コミュニティという行動主体にとって，重要な基盤になる。

表6-1は，先述の「生活環境と幸せ実感度に関するアンケート」において調査した社会的関係資本に関わる項目への回答を整理したものであり，回答を得た社会的関係資本に関する認識である。「強く感じている」と「感じている」を合わせたポジティブな実感の割合としては，「自分は人から頼りにされていると感じている」，「家族以外で相談できる人はいると感じている」人の割合は5割を超えているが，「地域の中で信頼できる人がいると感じている」人の割合は，27.5％と低い。また，「これまでの経験を通じて，地域や社会に貢献したいと感じている」人は41.7％で5割は下回っているが，一方で，「地域の中で自分が活躍する場があると感じている」人が21.3％，「地域の中で，他者と交流する場や機会があると感じている」人が33.7％と少なく，「地域や社会に貢献できていると感じている」人は，23.2％と，意欲と実感には20％ほどの差があることがわかる。この差からは，地域や社会に貢献したい」意欲を持っている人が，もっと「貢献できている」と感じることができる機会を作っていくこ

表6-1　社会的関係資本に関わるアンケート調査結果

	全体	強く感じている	感じている	あまり感じていない	感じていない
あなたは人から頼りにされていると感じていますか	211 100.0	10 4.7	105 49.8	76 36.0	20 9.5
あなたは家族以外で相談できる人はいると感じていますか	211 100.0	18 8.5	96 45.5	66 31.3	31 14.7
あなたは地域の中で信頼できる人がいると感じていますか	211 100.0	11 5.2	47 22.3	98 46.4	55 26.1
あなたは地域の中で自分が活躍する場があると感じていますか	211 100.0	6 2.8	39 18.5	103 48.8	63 29.9
あなたは地域の中で，他者と交流する場や機会があると感じていますか	211 100.0	9 4.3	62 29.4	85 40.3	55 26.1
あなたはこれまでの経験を通じて，地域や社会に貢献したいと感じていますか	211 100.0	10 4.7	78 37.0	88 41.7	35 16.6
あなたは地域や社会に貢献できていると感じていますか	211 100.0	3 1.4	46 21.8	99 46.9	63 29.9

出所：本書独自のインターネットモニター調査（「生活環境と幸せ実感度に関するアンケート」）結果に基づき，筆者作成。

とが必要であるという示唆が得られる。

　社会的関係資本の構築は，ある種の「繰り返しゲーム」による積み重ねが必要となる。クレジットカードの利用額は，何度か，支払期限に，請求金額を支払うことで，信頼が高まり，その利用額が増えるという。社会的関係資本も，コミュニティにおけるつきあいが積み重なっていくことで，確実に信頼が高まっていく。そのためには，地域やコミュニティ活動が活発であることも重要であるが，「地域やコミュニティ活動が活発であると思うか」という質問をしてみると，強く思うが2.4%，思うが26.5%。あまり思わないが53.1%，思わないが18.0%という結果であった。71.1%の人が，自分が住む地域やコミュニティの活動が活発ではないと感じており，課題がある。

　社会的関係資本の構築には，コミュニティをマネジメントする仕組みが必要であるが，同アンケートによる「地域が主体的に課題解決を行っていく「場」

や「仕組み」があると思うか」という質問では，強く思うが1.4％，思うが25.6％．あまり思わないが54.0％，思わないが19.0％という結果であった．73％の人が，地域が主体的に課題解決を行っていく「場」や「仕組み」がないと感じている．

　コミュニティの質を高めていくためには，そのコミュニティをマネジメントし，社会的関係資本を醸成していくような仕組みが必要である．

　市場，政治（行政），コミュニティには，それぞれ資本がある．この3つの資本が市場，政治（行政），コミュニティの機能を高めていく．また，市場，政治（行政），コミュニティそれぞれに共通する資本として人的資本と知的資本がある．

　経済的資本，政治的資本，社会的関係資本という3つの資本に，共通に持つ人的資本と知的資本を加えた3＋2資本が，地域の福祉（幸せ）を高める源泉になると考えられる．

6-4　人々はどのように「幸せ」と「不安」を感じているのか

　それでは，人々は，いま，どのように「幸せ」と「不安」を感じているのであろうか．この点についても，先述の「生活環境と幸せ実感度に関するアンケート」から，人々がどのように幸せ，生活への満足感，さらには将来への不安を感じているかを確認してみよう．

　まず，「現在，あなた自身の生活への満足を感じていますか」という質問については，「強く感じている」が5.7％，「感じている」が48.8％，「あまり感じていない」が32.7％，「感じていない」が12.8％であった．「強く感じている」と「感じている」を合わせると54.5％になり，ほぼ半数の人々は，自分の生活に満足をしているが，一方，ほぼ半数の人々は，自分の生活に満足していないと感じていることがわかった．

　次に，「あなたは今，幸せだと感じていますか」という質問については，「強く感じている」が10.4％，「感じている」が53.1％，「あまり感じていない」が27.0％，「感じていない」が9.5％であった．「強く感じている」と「感じてい

る」を合わせると63.5％になり，約6割の人が「幸せ」だと感じていることがわかった。

　「現在，あなた自身の生活への満足を感じていますか」と，「あなたは今，幸せだと感じていますか」という質問を合わせて考えると，当然ながら，自分の生活に満足しているが，幸せではない人，自分の生活に満足はしていないが，幸せな人もいることがわかる。**表6-2**では，幸せ感と生活への満足に関する回答をクロス集計したものである。ここから幸せをあまり感じていないけれども，生活への満足を感じている人は少ないことがわかる一方で，生活への満足をあまり感じていない人も，幸せを感じている人が一定数いることがわかる。ここから幸せは，必ずしも生活への満足と一致するわけではないことがわかる。

　そして，「将来の生活に不安を感じていますか」という質問については，「強く感じている」が31.3％，「感じている」が47.4％，「あまり感じていない」が19.0％，「感じていない」が2.4％であった。「強く感じている」と「感じている」を合わせると78.7％になり，約8割に近い人々が，将来に不安を感じていることがわかる。ここでも，将来の不安を感じていないが，今は幸せだと感じる人，将来の不安を感じているが，今は幸せだと感じている人，将来の不安は感じていないが，今は幸せではないと感じる人，将来の不安は感じているし，今も幸せではないと感じる人がいることがわかる。人々は，forward-lookingな視点を持ち，将来の価値やリスクを高く評価する傾向があると言えるかもしれない。**表6-3**では，幸せ感と将来への不安に関する回答をクロス集計したものである。将来への不安を感じていても，現在は幸せを感じているという人も一定数いることがわかる。一方，将来への不安を感じていなくても，現在は幸せをあまり感じていない人も一定数いることもわかる。ここから将来への不安は，現在の幸せに一致するわけではないことがわかる。

　ここで，幸せを感じていることと，生活への満足，将来不安について，どのような関係になっているかを回帰分析により確認する。**表6-2**と**表6-3**のクロス集計表からは，必ずしも幸せ，生活への満足感，将来への不安が一致しているわけではなかった。幸せ感がどのように形成されるかということを考えて

第6章 地域の幸せを高めるコミュニティマネジメント

表6-2 幸せ実感度と生活への満足度

		あなたは今,幸せだと感じていますか			
		強く感じている	感じている	あまり感じていない	感じていない
生活への満足	強く感じている	83.3%	8.3%	8.3%	0.0%
	感じている	7.8%	88.3%	3.9%	0.0%
	あまり感じていない	5.8%	26.1%	63.8%	4.3%
	感じていない	0.0%	7.4%	29.6%	63.0%

出所:本書独自のインターネットモニター調査(「生活環境と幸せ実感度に関するアンケート」)結果に基づき,筆者作成。

表6-3 幸せ実感度と将来への不安

		あなたは今,幸せだと感じていますか			
		強く感じている	感じている	あまり感じていない	感じていない
将来への不安	強く感じている	3.0%	30.3%	43.9%	22.7%
	感じている	12.0%	64.0%	20.0%	4.0%
	あまり感じていない	17.5%	70.0%	12.5%	0.0%
	感じていない	20.0%	0.0%	60.0%	20.0%

出所:本書独自のインターネットモニター調査(「生活環境と幸せ実感度に関するアンケート」)結果に基づき,筆者作成。

みる。幸せ感には,少なくとも短期的な評価と中長期的な評価の2つの視点がある。ここでは,短期的な評価として,生活への満足感,中長期的な評価として,将来への不安を変数として想定し,これらの変数が,現在の幸せ感に影響を与えているという仮説を想定する。3つのアンケート結果について,回帰分析を行うと,以下のような回帰式を得る。

$$\text{幸せ} = 0.724\text{生活満足} + (-0.116)\text{将来不安} + 0.749$$
$$(15.180^{**}) \quad\quad (-2.375^{**}) \quad\quad (4.175^{**})$$

**は,5%水準で有意,自由度調整済みR^2は,0.581

自由度調整済R^2が0.581のため,他の要因を排除して考えることはできないが,上記の回帰式で得たt値から,現在の自分の生活に満足している人が,現在の「幸せ」に影響を及ぼしていることがわかる。一方,将来への不安は,t

値を見ると，現在の「幸せ」に影響を及ぼしてはいるが，現在の「生活への満足」からの影響と比較すると，大きくはない。ここから考えられることは，現在の生活への満足が高まれば，現在の幸せ感が高まる可能性があること，人々は「将来」の不安と現在の「幸せ」とは，ある程度，切り分けて考えており，人々は forward-looking な視点は持つものの，それが現在の幸せの感じ方に必ずしも大きな影響を持つわけではない，ということである。

つまり，人々の幸せを高めるための対策と，将来の不安への対策は，少し切り分けて考えた方が良いだろうということである。例えば，将来への不安を解消するために，自治体において，行財政改革などを通じて，財政の持続可能性を進めていくということと，現在の生活に関わり，住民が関心を高く持つ可能性がある医療や福祉の問題を進めていくことは，同時に進めていく必要があるということである。もう少し付け加えれば，人々の「直近」の評価は，自分たちの生活の満足に関わる生活の質に対するサービスへの評価に比重が置かれるのではないだろうか。この示唆は，日頃の地域づくりや選挙の候補者にとって，有益な示唆となる。

地域づくりにおいて，自治体の総合計画や地方創生戦略などの中長期的な計画についても，5年後，10年後の話よりも，目の前にある問題として，どのような問題があり，それに対し，どのように対応していくのか，という話の方が，地域の幸せに関わる話になる。地域で講演などしていると，「今，何をしなければいけないのか」ということを話して欲しい，「今すぐに使えるアイディアを教えてほしい」と言われることがある。今回のアンケート結果は，地域の方々がおっしゃっていた意見を裏付けるものだと言える。

もちろん，中長期的な計画の中で，直近の話を位置づけていかなければならないし，当たり前のことであるが，目の前にある現実を変えていくという短期的な話が，「幸せ」に直接的に結びついているのである。地域の幸せに関わるということは，まず，これが大前提になる。

「幸せ」と「不安」。表裏の関係にあるようであるが，完全に表裏一体というわけではない。「幸せ」は，将来よりも現在の方が高く評価され，「不安」は，

第6章 地域の幸せを高めるコミュニティマネジメント

現在よりも将来の方が高く評価される。このように考えると，問題が先送りされる理由がよくわかる。現在の選択において，「現在の幸せ」と「将来の不安」を比較してみると，現在の幸せを追求することが将来の不安を高めるとわかっていても，現在の幸せを追求するという選択をするかもしれない。例えば，筆者はチョコレートなどの甘い物が好きである。しかし，食べ過ぎれば，肝臓などに負担をかけてしまう。将来の自分の健康の不安を緩和するのであれば，現在のチョコレートを食べないという選択がひとつの選択かもしれない。それでもチョコレートを食べてしまうのは，将来の不安の解消よりも，現在のチョコレートから得られる効用の方が価値が高いからであろう。これは痛風の人がなぜビールを飲んでしまうのか，ということも同じである。

ここでアンケート結果に基づき，世代別の幸せ感と不安感について，世代別の傾向を確認してみよう。回答者が1名しかいなかった10歳代，5名しかいなかった70歳代を除き，20歳代から60歳代までの傾向を，「強く感じている」，「感じている」，「あまり感じていない」，「感じていない」の4つの項目ごとに集計すると**表6-4**となる。幸せ感の「強く感じている」，「感じている」を合わせた幸せについてポジティブに感じている人の割合は，20歳代が46.2%，30歳代が61.1%，40歳代が63.3%，50歳代が66.7%，60歳代が73.0%と，年齢が高

表6-4 世代ごとの幸せや不安

		10歳代	20歳代	30歳代	40歳代	50歳代	60歳代	70歳代	計
強く感じている	幸せ	100.0%	7.7%	18.5%	8.3%	7.7%	3.8%	0.0%	10.4%
	不安	0.0%	53.8%	37.0%	30.0%	20.5%	19.2%	20.0%	31.3%
感じている	幸せ	0.0%	38.5%	42.6%	55.0%	59.0%	69.2%	100.0%	53.1%
	不安	0.0%	30.8%	46.3%	46.7%	66.7%	50.0%	0.0%	47.4%
あまり感じていない	幸せ	0.0%	38.5%	29.6%	25.0%	23.1%	26.9%	0.0%	27.0%
	不安	100.0%	7.7%	11.1%	23.3%	12.8%	30.8%	80.0%	19.0%
感じていない	幸せ	0.0%	15.4%	9.3%	11.7%	10.3%	0.0%	0.0%	9.5%
	不安	0.0%	7.7%	5.6%	0.0%	0.0%	0.0%	0.0%	2.4%
回答数		1	26	54	60	39	26	5	211

出所：本書独自のインターネットモニター調査（「生活環境と幸せ実感度に関するアンケート」）結果に基づき，筆者作成。

くなるほど，幸せについてポジティブに感じる傾向があることがわかる。

一方，将来への不安について，「強く感じている」，「感じている」を合わせたネガティブに感じている人の割合は，20歳代が84.6%，30歳代が83.3%，40歳代が76.7%，50歳代が87.2%，60歳代が69.2% と，おおむね年齢が高くなるほど，不安についてポジティブ（不安を感じない）に感じる傾向があるものの，50歳代が最も不安をネガティブに感じる人の割合が多くなる傾向もある。50歳代は，幸せ感も高いが，将来への不安も高くなる時期であると言えるかもしれない。

次に所得や貯蓄との関係について確認してみよう。

回答数が10件以上であった1000万円以下の層で，幸せ感の「強く感じている」，「感じている」を合わせた幸せについてポジティブに感じている人の割合は，300万円以下が39.5%，301万円〜500万円が66.2%，501万円〜700万円が77.1%，701万円〜900万円が57.1%，901万円〜1000万円が60.0% であり，501万円から700万円の層が最も幸せを感じている人の割合が大きかった。また，1001万円以上の層の人たちも，幸せであるとおおむね感じている結果であった。

次に，回答数が10件以上であった1000万円以下の層で，将来への不安について，「強く感じている」，「感じている」を合わせたネガティブに感じている人の割合は，300万円以下81.6%，301万円〜500万円が82.3%，501万円〜700万円が89.2%，701万円〜900万円が82.1%，901万円〜1000万円が66.7% と，900万円までは，約8割の人々が将来への不安を感じているが，901万円以上になると，その割合が減少していく。また，1001以上になると，回答者が一人であった2001万円から2500万円を除けば，5割から7割と900万円以下の層と比較すると，その割合は低い。

所得額では，501万円から700万円の層が最も「幸せ」を感じており，必ずしも所得額と幸せを感じる人の割合は比例していない。また，将来への不安については，「所得900万円」の壁があり，900万円を境にして，将来への不安を感じる人の割合が，900万円以内の人の割合と比べ低くなる。

所得額からはフローの経済状況と幸せや将来への不安との関係が推測することができる（**表6-5**）。次に，ストックの経済状況と幸せや将来への不安との

第6章 地域の幸せを高めるコミュニティマネジメント

表6-5 幸せや不安と所得額

		年収										合計
		300万円以内	301万円～500万円	501万円～700万円	701万円～900万円	901万円～1000万円	1001万円～1200万円	1201万円～1500万円	1501万円～2000万円	2001万円～2500万円	2501万円～3000万円	3000万円以上	
幸せ強く感じている	幸せ	7.9%	9.7%	14.6%	7.1%	0.0%	16.7%	16.7%	25.0%	100.0%	0.0%	0.0%	10.4%
	不安	55.3%	32.3%	22.9%	25.0%	20.0%	33.3%	16.7%	0.0%	0.0%	0.0%	33.3%	31.3%
感じている	幸せ	31.6%	56.5%	62.5%	50.0%	60.0%	83.3%	50.0%	50.0%	0.0%	0.0%	66.7%	53.1%
	不安	26.3%	50.0%	56.3%	57.1%	46.7%	33.3%	33.3%	75.0%	100.0%	0.0%	33.3%	47.4%
あまり感じていない	幸せ	39.5%	27.4%	16.7%	35.7%	26.7%	0.0%	16.7%	25.0%	0.0%	0.0%	33.3%	27.0%
	不安	18.4%	16.1%	18.8%	14.3%	26.7%	33.3%	33.3%	25.0%	0.0%	0.0%	33.3%	19.0%
感じていない	幸せ	21.1%	6.5%	6.3%	7.1%	13.3%	16.7%	16.7%	0.0%	0.0%	0.0%	0.0%	9.5%
	不安	0.0%	1.6%	2.1%	3.6%	6.7%	0.0%	16.7%	0.0%	0.0%	0.0%	0.0%	2.4%
合計	度数	38	62	48	28	15	6	6	4	1	0	3	211
		100.0%	100.0%	100.0%	100.0%	100.0%	100.0%	100.0%	100.0%	100.0%		100.0%	100.0%

出所：本書独自のインターネットモニター調査（「生活環境と幸せ実感度に関するアンケート」）結果に基づき，筆者作成。

表6-6 幸せや不安と貯蓄額

		貯蓄										合計
		300万円以内	301万円～500万円	501万円～700万円	701万円～900万円	901万円～1000万円	1001万円～1200万円	1201万円～1500万円	1501万円～2000万円	2001万円～2500万円	2501万円～3000万円	3000万円以上	
幸せ強く感じている	幸せ	11.4%	3.3%	9.1%	15.4%	14.3%	11.1%	0.0%	16.7%	0.0%	0.0%	26.7%	10.4%
	不安	44.3%	16.7%	36.4%	30.8%	28.6%	22.2%	0.0%	16.7%	16.7%	22.2%	13.3%	31.3%
感じている	幸せ	40.9%	66.7%	50.0%	69.2%	71.4%	77.8%	33.3%	66.7%	100.0%	66.7%	40.0%	53.1%
	不安	36.4%	63.3%	36.4%	53.8%	57.1%	33.3%	66.7%	83.3%	50.0%	66.7%	60.0%	47.4%
あまり感じていない	幸せ	33.0%	26.7%	18.2%	15.4%	14.3%	11.1%	0.0%	16.7%	0.0%	22.2%	33.3%	27.0%
	不安	17.0%	20.0%	22.7%	15.4%	14.3%	44.4%	66.7%	0.0%	33.3%	11.1%	26.7%	19.0%
感じていない	幸せ	14.8%	3.3%	22.7%	0.0%	0.0%	0.0%	0.0%	0.0%	0.0%	11.1%	0.0%	9.5%
	不安	2.3%	0.0%	4.5%	0.0%	0.0%	0.0%	33.3%	0.0%	0.0%	0.0%	0.0%	2.4%
合計		88	30	22	13	7	9	6	6	6	9	15	211
		100.0%	100.0%	100.0%	100.0%	100.0%	100.0%	100.0%	100.0%	100.0%	100.0%	100.0%	100.0%

出所：本書独自のインターネットモニター調査（「生活環境と幸せ実感度に関するアンケート」）結果に基づき，筆者作成。

関係を確認するために，貯蓄額の層ごとに整理してみよう（**表6-6**）。

　幸せ感の「強く感じている」，「感じている」を合わせた幸せについてポジティブに感じている人の割合は，300万円以下が52.3％，301万円〜500万円が70.0％，501万円〜700万円が59.1％，701万円〜900万円が84.6％，901万円〜1000万円が85.7％，1001万円〜1200万円が88.9％，1201万円〜1500万円が33.3％，1501万円〜2000万円が83.4％，2001万円〜2500万円が100％，2501万円〜3000万が22.2％，3000万円以上が40.0％となっている。301万円から500万円の層では幸せに感じる人の割合が70.01％であるが，300万円以下から700万円までの貯蓄層で幸せを感じている人の割合は，約5割から6割である。701万円から1200万円までの貯蓄層では約8割から9割，そして1201万円以上の各貯蓄層は，幸せを感じている人の割合が高かったり，低かったりする。この結果は，貯蓄額が大きいほど，おおむね幸せを感じる割合が多い傾向があるが，1000万円以上の貯蓄層においては，それが当てはまらない可能性もある，ということを示している。

　将来への不安について，「強く感じている」，「感じている」を合わせたネガティブに感じている人の割合は，300万円以下が80.7％，301万円〜500万円が80.0％，501万円〜700万円が72.8％，701万円〜900万円が84.6％，901万円〜1000万円が85.7％，1001万円〜1200万円が55.5％，1201万円〜1500万円が66.7％，1501万円〜2000万円が100％，2001万円〜2500万円が66.7％，2501万円〜3000万円が88.9％，3000万円が73.3％と，どの貯蓄層でも将来への不安を感じている人の割合は，大きく異なることはない。1501万円〜2000万円の貯蓄層と2501万円〜3000万円の貯蓄層を除けば，貯蓄が1000万円を境に，将来への不安を感じている人の割合は，若干減少しており，貯蓄額では「1000万円の壁」が存在する可能性が示唆される。

　幸せと将来不安について，お金（経済的状況）との関係を整理してみた。「生活環境と幸せ実感度に関するアンケート」の結果からは，幸せや将来不安とお金（経済的状況）とは，関係があるけれども，強い関係性があるとは言えない結果であった。つまり，所得や貯蓄が多いから必ずしも幸せを感じるわけ

表6-7　幸せの基準

経済に関わること				
	強く思う	思う	あまり思わない	思わない
経済的に余裕があること	20.9%	31.3%	25.6%	22.3%
自分の欲しいものが不自由なく手に入ること	13.7%	40.3%	25.6%	20.4%
自分が働く場所があること	21.3%	38.9%	23.2%	16.6%
人間関係・社会関係に関わること				
	強く思う	思う	あまり思わない	思わない
恋人やパートナーがいること	28.9%	38.9%	19.0%	13.3%
家族との関係が良好であること	39.3%	43.6%	11.8%	5.2%
友人との関係が良好であること	23.2%	54.5%	15.6%	6.6%
近所づきあいが良好であること	9.0%	48.3%	29.4%	13.3%
自分が活躍できる場があること	11.4%	39.3%	36.0%	13.3%
自己効力感，社会的承認に関わること				
	強く思う	思う	あまり思わない	思わない
自分が人から頼りにされていると感じること	12.8%	44.1%	31.8%	11.4%
自分が社会に貢献していると感じられること	8.1%	31.8%	43.6%	16.6%
自分の夢や目標が達成したと感じられること	14.2%	33.6%	35.1%	17.1%
自分が社会的な地位を得ていると感じられること	7.1%	26.5%	45.5%	20.9%
自分が名誉を得られていると感じること	6.6%	23.2%	46.4%	23.7%
生活の質に関わること				
	強く思う	思う	あまり思わない	思わない
健康に生活することができること	28.9%	43.1%	22.3%	5.7%
自然環境が豊かであるなど，生活環境が良好であること	14.2%	54.5%	20.4%	10.9%
生活が便利など，生活環境が良好であること	16.1%	54.0%	22.3%	7.6%
余暇を十分に楽しむことができること	19.9%	46.0%	23.7%	10.4%
学びの場があること	11.4%	44.1%	34.1%	10.4%

出所：本書独自のインターネットモニター調査（「生活環境と幸せ実感度に関するアンケート」）結果に基づき，筆者作成。

ではなく，所得や貯蓄が少ないから必ずしも不安を感じるわけではない。幸せや将来不安の要因は，経済的な状況以外の要因も大きいと考えられる。

ただ，将来不安については，所得においては900万円，貯蓄においては1000万円という金額が，将来不安を感じる人の割合の傾向を分ける「壁」になっているように見て取れる。つまり，将来への不安を解消するためには，一定の所得や貯蓄が必要であるということが示唆される。

ここで，人々が何を基準に幸せを感じるのかということについて確認してみよう（**表6-7**）。アンケート調査では，幸せを感じる基準についても調査した。基準を大きく分類すると，「経済に関わること」，「人間関係・社会関係に関わること」，「自己効力感，社会的承認に関わること」，「生活の質に関わること」の4分野になる。

まず，「経済に関わること」について確認してみよう。「強くそう思う」と「そう思う」を合わせたポジティブな回答の割合は，「経済的に余裕があること」が52.2％，「自分の欲しいものが不自由なく手に入ること」が54.0％，「自分が働く場所があること」が60.2％であった。ほぼ半数の人は，経済に関わることは幸せの基準として同意をしているが，そうではない人も多くいる。

次に，「人間関係・社会関係に関わること」について確認する。「強くそう思う」と「そう思う」を合わせたポジティブな回答の割合は，「恋人やパートナーがいること」が67.8％，「家族との関係が良好であること」が82.9％，「友人との関係が良好であること」が77.7％，「近所づきあいが良好であること」が57.3％，「自分が活躍できる場があること」が50.7％である。特に，家族との関係，友人との関係が良好であることが幸せの基準になると回答した人の割合が大きい。さらに，幸せの基準となる関係性としては，家族，友人，近所とある種の同心円的に「内」から「外」に広がっていることがわかる。家族や友人との関係性は，経済に関わることの項目よりも，数値は高く，「幸せの原点」になると言える。

また，「自己効力感，社会的承認に関わること」について確認する。「強くそう思う」と「そう思う」を合わせたポジティブな回答の割合は，「自分が人か

ら頼りにされていると感じること」が56.9%,「自分が社会に貢献していると感じられること」が39.9%,「自分の夢や目標が達成したと感じられること」が47.8%,「自分が社会的な地位を得ていると感じられること」が33.6%,「自分が名誉を得られていると感じること」が29.8%であった。この結果,自分の名誉や自分の社会的な立場などの社会的評価から得られる幸せ,自己の中での効力感から得られる幸せより,他者から頼りにされると感じられること,すなわち,他者からの承認（必要とされること）から得られる幸せが大きいことがわかる。この点は,コミュニティづくりに対し,大きな示唆を与える。つまり,コミュニティにおいて,人々が相互に「必要とされる」関係を構築していくことが重要であると言える。

「生活の質に関わること」について確認する。「強くそう思う」と「そう思う」を合わせたポジティブな回答の割合は,「健康に生活することができること」が72.0%,「自然環境が豊かであるなど,生活環境が良好であること」が68.7%,「生活が便利など,生活環境が良好であること」が70.1%,「余暇を十分に楽しむことができること」が65.9%,「学びの場があること」が55.5%であった。「生活の質に関わること」は,他の分野と比べても,幸せを感じる基準としては多くの人から選択された基準となった。特に,健康,自然環境,生活の利便性などは7割を超えており,人々にとって,生活する環境が充実するということが大きな幸せの基準になる。

アンケート結果をまとめてみると,人々が幸せを感じる基準として重要視しているのは,ひとつは家族や友人との関係,もうひとつは生活環境の質である。そして経済に関わることという順番になる。これが所得額や貯蓄額と幸せとの関係が,あまり強い関係ではないことのひとつの要因であろう。

人々の不安を解消するのは,一定水準の所得や貯蓄などの経済状況であるかもしれないが,人々の幸せを作り上げていくのは,経済的な側面よりも,むしろ,自分に「近い」人間関係の中がいかに良好であるか,ということと,自分の生活を取り巻く環境の質であると言えよう。DWCの考え方は,特に,人間関係や社会関係を良好にするとともに,生活環境の質を改善していくという視

点で構成されることが必要である。

6-5　社会への不満と理不尽さと格差

　厚生労働省は，3年に一度，「所得再分配調査」を実施し，所得格差の状況について調査をしている。近年，当初所得の格差は，**図6-4**で見られるように，拡大してきている。

　2014年の調査では，平均当初所得額は396.2万円であった。この金額は，前回の調査に比べ，3.0％の減少となった。また平均再分配所得は481.9万円で，前回の調査に比べ0.8％の減少となっている。

　ジニ係数を見ると，当初所得のジニ係数は0.5704であった。これは前回調査でのジニ係数の0.5536から約2ポイントの上昇となっている。また再分配所得のジニ係数は0.3759で，前回調査のジニ係数である0.3791とほぼ横ばいであった。また，ジニ係数の改善度（再分配による改善度）を見ると，前回の調査では31.5％であったが，今回は34.1％と数値は増加していることが明らかになった。

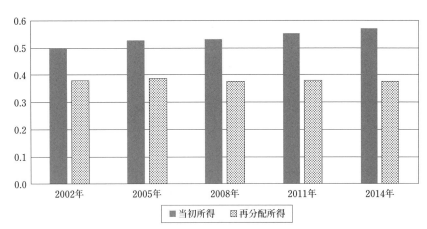

図6-4　日本の所得格差（ジニ係数）の推移
出所：厚生労働省『所得再分配調査』(2014年度)に基づき，筆者作成。

表6-8 格差や社会への不満・理不尽さの認識

	強く感じている	感じている	あまり感じていない	感じていない
あなたは社会には格差があると感じていますか	35.1%	51.7%	10.9%	2.4%
あなたは世代間の格差があると感じていますか	27.0%	51.2%	19.9%	1.9%
あなたは社会への不満や理不尽さを感じていますか	19.4%	51.2%	27.5%	1.9%

出所：本書独自のインターネットモニター調査（「生活環境と幸せ実感度に関するアンケート」）結果に基づき、筆者作成。

　厚生労働省の「所得再分配調査」の結果からは，平均当初所得は減少し，また当初所得の格差は拡大する一方，所得再分配機能は強まっているという状況がわかる。

　このような格差の拡大は，実感としても，認識されている。「生活環境と幸せ実感度に関するアンケート」で，「あなたは社会には格差があると感じていますか」，「あなたは世代間の格差があると感じていますか」と聞いたところ，**表6-8**のような結果となった。

　「あなたは社会には格差があると感じていますか」という質問では，「強く感じている」と回答したのは35.1%，「感じている」と回答したのは51.7%と，合わせると，86.7%が社会には格差があると感じているという結果となった。

　「あなたは世代間の格差があると感じていますか」という質問では，「強く感じている」と回答したのは27.0%，「感じている」と回答したのは51.2%と，合わせると，78.2%が世代間の格差があると感じているという結果となった。

　また**表6-8**にあるように，WEBモニター調査で「あなたは社会への不満や理不尽さを感じていますか」と質問したところ，「強く感じている」と回答したのは19.4%，「感じている」と回答したのは51.2%と，合わせると，70.6%が「社会への不満や理不尽さ」を感じていると回答している。

　社会への不満や理不尽さについて，世代別の傾向を見ると，**表6-9**のような結果となった。回答者が10名未満であった10歳代と70歳代を除くと，20歳代

表6-9　世代ごとの社会への不満・理不尽さの認識

	10歳代	20歳代	30歳代	40歳代	50歳代	60歳代	70歳代	計
強く感じている	0.0%	30.8%	20.4%	18.3%	23.1%	7.7%	0.0%	19.4%
感じている	100.0%	53.8%	48.1%	51.7%	41.0%	65.4%	60.0%	51.2%
あまり感じていない	0.0%	15.4%	29.6%	28.3%	30.8%	26.9%	40.0%	27.5%
感じていない	0.0%	0.0%	1.9%	1.7%	5.1%	0.0%	0.0%	1.9%
回答数	1	26	54	60	39	26	5	211

出所：本書独自のインターネットモニター調査（「生活環境と幸せ実感度に関するアンケート」）結果に基づき，筆者作成。

が84.6%，30歳代が68.5%，40歳代が70.0%，50歳代が64.1%，60歳代が73.1%と，20歳代が最も割合は多く，他の世代は約6割から7割の人が社会への不満や理不尽さを感じているということがわかった。

　こうした「格差」意識は，社会への不満や理不尽さにつながっていると考えられる。

　社会への不満や理不尽さは，社会を大きく変動させる「モチベーション」になりうる。英国がEUからの離脱（Brexit）を決めた国民投票の結果や米国でトランプ大統領を誕生させた背景のひとつには，グローバル化の進展の中で，格差が拡大してきたことがある。

　その背景について，簡単に整理してみる。グローバル化が進めば，労働力の移動も自由化するので，生産主体である企業は，他国の賃金が安い労働者を雇うことができるようになる。労働者にとっても，より高い賃金を得られる可能性があるため，移動するインセンティブがある。その結果，生産主体である企業と賃金が安い労働者の間では，メリットが一致し，他国から労働者が移動してくることになる。一方，賃金が高い労働者は，他国からやってくる賃金が安い労働者に押し出されるように，仕事を失う可能性がある。この結果，これまで賃金が高かった労働者が，別の仕事に就くことができなければ，収入は減少し，富裕層との格差は拡大していくのである。ここで考えられる政策は，ひとつは保護主義的な政策を採用することである。トランプ大統領が「国境に壁を作る」と表現するように，他国から賃金が安い労働者が移動してこれないよう

第6章　地域の幸せを高めるコミュニティマネジメント　　　　167

にすれば良い。もうひとつの選択は，経済のイノベーションを通じて，新たな仕事を創出し，高い賃金で働いていた労働者に，その新たな仕事に対応できるような職業スキルを身に付けてもらう職業訓練を行うことである。つまり，イノベーションによる新たな雇用の創出と職業訓練制度の充実がもうひとつの選択肢となる。

　米国や英国でマグマのように溜まった社会への不満や理不尽さは，住民投票や選挙に影響を与え，政治を変化させた。日本でも，「生活環境と幸せ実感度に関するアンケート」で見るように，社会への不満や理不尽さを感じている人が多い。

　社会への不満や理不尽さを緩和していくためには何が必要なのだろうか。それを紐解く，ひとつの糸口が「参画」というキーワードである。つまり，一方的に，不満や理不尽さを感じ，それを矯め込んでいくのではなく，自分の意見を表明し，合意形成のプロセスに参画をしながら，全体での納得を生み出していくということであろう。

6-6　投票行動と社会参画

　民主主義社会において，その参画の方法が選挙における投票である。言い換えれば，投票行動とは，社会参画の方法のひとつである。しかしながら，投票率を見ると，必ずしも高いわけではない。国政選挙で見ると，2014年の衆議院選挙では，52.66%，2016年の参議院選挙では，54.70%であった。また2013年の千葉県知事選挙では31.96%，同じく2013年の千葉市長選挙では31.35%であった。特に世代別の投票率を見ると，若年世代ほど投票率が低い。2016年の参議院選挙では，選挙権が初めて18歳以上に引き下げられたこともあり，10歳代の投票率は46.78%と高かったが，20歳代の投票率は35.60%と，2013年の参議院選挙と比べると，約2％ほどの上昇であった。

　世代別の投票率の問題として，「シルバー民主主義」の問題が指摘される。これは第5章で確認したように，高齢世代の「声」の重みが，若年世代の

表6-10　平成26年衆議院総選挙での投票率に基づいた「世代間一票の格差」

	人口（人）	投票率（%）	投票人口（人）
20歳代	12,377,739	32.58	4,032,667
30歳代	15,607,035	42.09	6,569,001
40歳代	18,395,022	49.98	9,193,832
50歳代	15,445,542	60.07	9,278,137
60歳代	18,098,877	68.28	12,357,913
70歳代以上	23,821,574	59.46	14,164,308

出所：平成27年国勢調査結果（総務省統計局），総務省「国政選挙の年代別投票率の推移について」の平成26年衆議院総選挙での投票率に基づき作成。

表6-11　平成28年参議院選挙での投票率に基づいた「世代間一票の格差」

	人口（人）	投票率（%）	投票人口（人）
20歳代	12,377,739	35.6	4,406,475
30歳代	15,607,035	44.24	6,904,552
40歳代	18,395,022	52.64	9,683,140
50歳代	15,445,542	63.25	9,769,305
60歳代	18,098,877	70.07	12,681,883
70歳代以上	23,821,574	60.98	14,526,396

出所：平成27年国勢調査結果（総務省統計局），総務省「国政選挙の年代別投票率の推移について」の平成28年参議院総選挙での投票率に基づき作成。

「声」の重みよりも重くなってしまうことにより，政策が高齢世代のニーズに偏る可能性があるということである。

　ここで，投票率の違いが，一票の格差をどのぐらい拡大させるかを確認してみよう。「一票の格差」の問題は，地域間での格差が注目され，裁判所が「違憲状態」にあるという判決を出し，立法府に選挙制度改革を促している。一票の格差は地域間での格差だけではなく，世代ごとの格差も存在する。

　2014年の衆議院総選挙と2016年の参議院選挙の投票率の結果と，2015年の国勢調査の結果に基づき，確認してみよう。表6-10，表6-11とも，人口は2015年の国勢調査の結果に基づく，世代ごとの人口である。最も投票率が低い20歳代と最も投票率が高い60歳代では，人口比は約1.46倍となる。ここで，それぞれの投票率を人口に掛け合わせ，想定される投票人口を計算すると，2014年の衆議院総選挙では，20歳代で4,032,667人，60歳代で12,357,913人と想定され，

その格差は3.06倍に拡大する。また2016年の参議院選挙での投票率で想定投票人口を計算すると，20歳代で4,406,475人，60歳代で12,681,883人と想定され，その格差は2.88倍となる。投票率が違うことにより，世代間の格差が1.46倍から2.88倍，3.06倍に増加していくのである。このことから，若年世代が投票に行くことの必要性を説明できるし，確かに，「シルバー民主主義」的な政策の偏りが生まれる余地は生じる。

投票に行くかどうかによって，世代間における「一票の格差」が拡大し，また世代間の格差があると感じている，さらには社会への不満や理不尽さを感じている人々は，投票に行けば，その状況が変化するかもしれないのに，現実の投票行動に，なぜ結びつかないのだろうか。また，投票行動だけではなく，社会に参画するという選択が行われないのは，なぜだろうか。

これはDowns（1960）が指摘する合理的無知の考え方で説明することができるかもしれない。「合理的無知」の考え方では，情報を集めるための費用が大きい場合には，人々はあえて「合理的」に「無知」である状態を選択する可能性を示唆する。情報を知るためには，さまざまな費用がかかる。例えば，情報を入手するために，新聞や雑誌を購読するかもしれない。その場合には，新聞や雑誌を購読する費用がかかる。また，一般では入手しにくい情報を得ようとすれば，その情報を他者から購入することもありうる。また，情報を収集するために時間を使ったり，それによって，他の行動ができなかったりすれば，機会費用が発生する。人々は，こうした情報に関わる費用を考え，その費用が大きければ，情報を得ようとせず，「無知」のままでいることを合理的に決めることがある。

行動することから得られる便益と費用を比較し，人々は合理的に選択をする。Downs（1957），Riker and Ordeshock（1968）などの「合理的投票者」のモデルを考えれば，投票することから得られる便益が投票することに係る費用よりも大きければ，有権者は投票に行くし，費用の方が大きければ，投票に行かないことが考えられる。

矢尾板他（2016）では，独自の「若者の政治参加に関するアンケート調査」

に基づき，若者が投票に行った理由と投票に行かなかった理由を整理している。まず，投票に行った理由としては，「市民としての権利・義務だから」，「選挙や投票，政治参加に興味を持っているから」，「家族に誘われたから」などの理由が多かった。一方，選挙に行かなかった理由としては，「投票しても，世の中には影響を与えないと思うから」，「予定（アルバイト，遊びに出かける等の予定等も含む）があり，時間がとれないから」，「どの候補者が良いかがわからなかったから」，「そもそも政治に関心がないから」などの理由が多かった。

特に，投票に行った理由で印象的であったのは，「市民としての権利・義務だから」という回答の割合が多かったということである。投票に行った人々は，投票の結果から得られる便益ではなく，投票行動そのものから得られる便益を高く認知，評価するようである。

また投票に行かなかった理由の中で印象的であったのは，「投票しても，世の中には影響を与えられないと思うから」という回答の割合が多かったということである。「自分が投票したところで，社会は変わらない」という意識が，投票することから得られる便益に対する認知，評価をするようである。

こうしたことは，投票行動だけに言えることではなく，地域や社会への参加，参画においても共通して言えることであると考えられる。若年世代が地域や社会への参加，参画に対して消極であるのは，ひとつは「意見を言っても反映されない」という意識の中で，地域や社会への参画のための便益に対する認知や評価が過小なものとなり，参画のための費用に対する認知や評価が過大なものになることが原因であると考えられる。つまり，参画することから得られる便益や費用が適切に認知，評価されない場合は，参画の直接費用や機会費用が，参画することから得られる便益を上回り，合理的に「参画しない」と判断される可能性がある。こうした問題を解決していくためには，少なくとも，地域や社会への実質的なアクセスを保証し，自分の行動が少しでも影響を及ぼしたという経験を通じて，参画することから得られる便益や参画のための費用を適切に認知，評価できるようにすることが必要であろう。そこで，地域の意見を聴取する，若年世代の意見を聴取するという際に，単に「意見聴取」するのでは

なく，その内容を反映したり，仮に反映させることができなくても，フィードバックをしたりすることで，納得を醸成する機会を作っていく必要がある。

　もうひとつは「市民としての権利・義務だから」という点も大きな手掛かりになる。市民としての権利行使や義務の負担行為への認識を高めることで，市民としての権利・義務の意識を持つことは，参画することから得られる便益や参画の費用を適切に，認知，評価することができるようになる。もしくは，適切に認知，評価できなかったとしても，参画することそのものから得られる便益が大きいために，人々は参画するという選択を合理的に行う可能性が高い。そこで，「主権者教育」や「市民リテラシー教育」などの教育が持つ意味や役割は大きいと言える。

　そして，もうひとつは，参画することによる便益や参画の費用の認知や評価に対し，人間関係等の社会関係も影響を及ぼす可能性がある。「おつきあい」という言葉があるように，人々は，参画をしないことにより，自身の周囲からの評価を気にするかもしれない。自身の周囲からの評価が低くなっても，高くなっても，自身にとって，直接的にも心理的にも影響が小さかったり，低くなった時に，大きなマイナスを及ぼさなかったりすれば，評価そのものに関心を持たず，参画することによる便益を過小に認知，評価し，費用を過大に認知，評価するかもしれない。一方で，自身の周囲からの評価が低くなっても，高くなっても，自身にとって，直接的にも心理的にも影響が大きかったり，評価が高くなった時に，大きなプラスを及ぼしたりするようであれば，評価そのものに大きく関心を持ち，参画することによる便益を過大に認知，評価し，費用を過小に認知，評価するかもしれない。

　つまり，社会的関係資本は，人々の投票行動，地域や社会への参画といった行動の判断に関わる認知や評価に大きな影響を与えることになる。この点でも，コミュニティの意義は大きいし，経済や政治といった制度との相互補完関係があると言える。

6-7　地域の福祉（幸せ）を高めるマネジメント手法

　ここで改めて，本書が提案する Destination Welfare Community の考え方を整理してみよう。DWC とは，市場，政治，コミュニティをつなぎ，それぞれの機能が十分に働くことで，価値や効果を高めるようにコーディネートするとともに，全体の価値や効果をも高めていく仕組みであり，経済，政治，コミュニティのそれぞれの機能を統合し，また相互に補完し合い，全体として価値を高めていくためのコーディネーション機能やマネジメント機能としてのケイパビリティ（潜在能力）を持つ主体（コミュニティ）であり，仕組みである。具体的な想定として，地域運営組織であり，制度化された地域運営組織ではなくとも，地域に関わる人々が参加する地域の会議体や組織，地域のプラットフォームなどが挙げられる。DWC は，主体そのものの型式を規定するというよりも，概念や機能を規定する概念である。

　第5章で確認した地域運営組織は，「協議」や「実行」という機能を持つことが規定されていたが，DWC では，それに加えて，「計画」や「評価」といった機能も持つものと考える。

　DWC は，地域に関わる資源を統合し，相乗効果を持たせ，地域の価値を高めていく。そのためには，そうした制度（仕組み）があるだけではなく，仕組みが十分に機能していくためのルールやマネジメント手法が必要になる。

　地域の課題を解決するための仕組みを作っても，仕組みを作っただけで，その後，成果に結び付かないということがある。その原因は，仕組みを作るだけで終わってしまい，その仕組みを機能させるためのルールやマネジメント手法がないということも多いことが考えられる。

　ルールとは，合意形成のルール，活動に関わる手続きのルール，法人形態，資金調達や管理のルールなどである。また地域が持つ潜在的な資源を有効に活用し，定められたルールに基づきながら，活動を進めていくためのマネジメント手法も必要である。そうしたマネジメントの手法を DWCM（Destination

第6章 地域の幸せを高めるコミュニティマネジメント　173

Welfare Community Management）と考える。

　地域の課題を発見し，解決するための仕組みを機能させるためのマネジメント手法を活用し，DWCが地域の「核」となって，地域に住む人々の幸せに関わり，地域づくりを進めていくためには，それぞれの地域の幸せ（価値観）に合ったDWCMを取り入れていく必要がある。DWCMは，例えば，開発援助等でも活用されている参加型開発手法やPCM手法，さらにはコミュニティデザイン等の考え方とも共通する点がある。

　ただ，これらの手法との違いは，コミュニティの外部者が地域にアプローチし，関与して，地域の発展に寄与するための手法ではなく，その地域に住む人々が自ら地域の課題を発見し，主体的に関わっていくための手法であるという点である。

　DWCMでは，地域の福祉（幸せ）を高めるための取り組みのプロセスを，①課題の発見と共有，②地域計画の策定，③必要な資源とのマッチング，④実行と評価という4つの段階を想定する。ここで各段階において，経済，政治，コミュニティという制度（仕組み）をつなぎ，相乗効果を働かせつつ，また経済的資本，政治的資本，コミュニティの資本（社会的関係資本）を活用しながら，地域の課題解決に取り組んでいくのである。

①課題の発見と共有（住民意識調査の活用）

　課題を発見し，共有していくためには，ワークショップ併用型の「意見交換型住民意識調査」を実施し，意見を集め，考える機会を通じて，地域の課題を共に発見し，共有していく。その地域の人々が持つ「価値観」，「幸せの基準」，「幸せ実感度」，施策分野ごとの「満足度」，「重要度」，「人々が感じている課題」などを把握するアンケート項目で構成されるアンケート調査を実施する。アンケート調査は，全戸配布が望ましいが，人数の規模が大きい地域においては，規模に応じて適切な人数を抽出した標本調査でも可能であろう。この場合に配慮しなければいけない点は，回答者の属性，特に年齢層である。全戸配布であっても，標本調査であっても，年齢層が高齢世代に偏る可能性がある。課

題を発見するためには，幅広い，多様な世代の意見を聴く可能性がある。そのため，全戸調査であっても，標本調査であっても，各戸に複数枚の調査票を配布したり，1枚の調査票であっても，世代ごとに回答する項目を設けたりするなど，複数の世代が回答することができるような工夫が必要である。

またアンケート調査のみで課題を発見するだけではなく，地域に住む人々がお互いにどのような意識を持っているのか，どのような意見を持っているのかということを把握し，共有することが重要になる。その共有の場として「ワークショップ」の手法を活用していくことが効果的である。またワークショップの参加者も，同一の世代に偏ることがないように，多様な世代が参加できるような工夫が必要である。

ワークショップでは，このアンケート調査結果に基づき，意見交換を積み重ねていくなかで，自分たちの地域の課題を共有でき，また，課題解決の方法を考えることができるようになるだろう。

②地域計画の策定

課題を発見し，共有することができたならば，次に，地域の福祉（幸せ）を高めていくための計画を策定することが重要である。その計画は，「誰が」，「何を」，「いつ」，「どのように」進めていくのかということを，行政が策定するさまざまな計画と結び付けながら検討していく。

計画づくりにおいて，注意が必要なのは，他地域の成功事例や海外の事例を，そのまま，自分たちの地域の取り組みに当てはめようとしてしまうことである。「あの地域では，同じような課題が，この方法で解決した」，ということは，自分たちの地域での取り組みを検討する際の大きなヒントにはなる。しかし，地域が違えば，そこに住む人々も違う。地域に住む人々が違えば，その人々の価値観や「幸せの基準」も異なるし，「できること」も違ってくる。ワークショップ等の議論の場で，お互いにアイディアを出し合いながら，自分たちの価値観や幸せの基準に合った，自分たちができることを考えていく必要がある。

また計画づくりにおいて重要なのは，地域の人々から出た意見を論理的に整

理していくことである。計画づくりの第1段階では，ブレインストーミング方式は有効であるが，議論が発散してしまう可能性がある。計画づくりにおいて鍵となるのは，議論を発散させ，多様な意見を集め，大きく広げた議論を，いかに収束させ，まとめていくかということである。そのためには，発散の過程においても，出されたさまざまな意見を分けたり，合わせたりしていき，議論内容を見やすく，わかりやすくし，議論の本筋からは外れないように発散させていくことが必要不可欠である。

　また，計画づくりにおいては，それぞれの課題の原因を明らかにすることが必要である。課題解決の方法を考えるためには，明らかにされた原因に基づき，仮説を立て，その計画が課題の原因を解決することができるか（結果）ということを論理的に検討していく作業を行っていく。この因果関係が論理的に説明できれば，計画に反映していくべきであるし，論理的に説明できないのであれば，計画には反映させるべきではない。

　こうしたロジカルな思考に基づき，議論を整理，構造化を図りながら，具体的な解決策を提案できるような計画策定のプロセスを導入する。またこのプロセスにおいては，PCM手法[4]などが有効に活用することができる。

　このような作業を通じて，「ミッション」，「ビジョン」，「戦略」を設定していくことで，地域の計画が策定できる。

③必要な資源とのマッチング

　課題解決ための取り組みを実行していくためには，ヒト（人材），カネ（資金），モノ（財），バ（活動拠点），ノウハウといった「資源」が必要になる。そうした資源は，地域がすでに持っている潜在的な資源を活用することと，外部の資源を活用していくことの2つの方法がある。ここで重要になる視点は，

---

[4] PCM（Project Cycle Management）手法は，①参加者分析，②問題分析，③目的分析，④代替案分析の4つのステップでの分析を踏まえ，参加者の合意形成を進めていく手法で，コミュニティ開発のプロジェクト等で活用されている。また，参加型開発の手法としては，PLA手法（Participatory Learning and Action）もある。

地域の潜在的な資源と外部の資源が相乗効果を持つように，いかに組み合わせていくかということである。

外部の資源を活用するということを考えると，行政との連携，民間企業との連携が必要となる。そこで，行政との連携をコーディネートしたり，その地域の課題の解決のために必要な資源を持つ民間企業を探し（サーチ），結び付けたりするマッチングが必要になる。

例えば，民間企業は，ビジネスを持続するためのさまざまなノウハウやデータを持っている。また，その地域の課題を解決することを通じて，投下した資金を回収し，収益を得ることができれば，企業としても，ひとつのビジネスチャンスであり，連携は可能である。企業の社会的責任（CSR）の活動は，営利を追求しない慈善事業だけには限らない。営利を追求する事業であっても，社会的な価値を高めたり，地域の課題を解決したりするのであれば，企業は社会的責任を果たしていると考えられる。むしろ，資金を適切に回収していくことで持続可能な取り組みとなるのであれば，持続可能ではない取り組みよりも，社会的な貢献は高いと言える。

「人材」とのマッチングも重要な機能になる。例えば，地域の課題に関わることに関心を持っている方，地域の課題を解決するための知識，スキル，ノウハウを持っている方との連携を行っていくことで，地域課題の解決力を高めることができる。フルタイムで関わることはできなくても，少しの時間であれば関わることができるかもしれない。こうした「シェアタイム」の発想も踏まえながら，地域に関わる人々が，その地域の課題の解決に関われるようなマッチング機能が必要であろう。現在，シルバー人材センターも，このような取り組みを進めているが，高齢者だけではなく，学生，若者，専業主婦の方など，さまざまな方々が，地域の課題解決に関わり，みんなが活躍しながら，みんなでまちづくりに関わっていくことが重要である。

さらに，DWCMを導入していくことを考えれば，①課題の発見と共有，②地域の計画づくり，③資源とのマッチング，④実行と評価という各プロセスにおいて，その活動をサポートする役割（ファシリテーター，コーディネーター，

モチベーター）を果たせるような人材が必要になる。この場合に，外部の人材からの協力を得る場合には，やはりマッチングが必要になる。

　また「学び」という要素も大きな意味を持つ。地域の課題を解決していくための知識，スキル，ノウハウを学び，また，その「学び」を通じて，仲間が増えていくということも，地域課題の解決力の向上に寄与する。DWCMを活用して，地域づくりの主体となるのは，その地域に住む人々である。

　地域の課題を解決に必要なことは，その地域の人々が主体的な当事者となり，自分たちで，役割と責任を分担しながら，取り組みを進めていく必要がある。外部の人材の「力」を借りるとしても，外部の人材に依存するのではなく，地域において，スキルやノウハウを持つ人材を育成していくことが，地域の持続可能性につながっていくのである。つまり，地域の人々がエンパワーメントされていくことが必要なのである。ここで言うエンパワーメントしていくとは，まさに，自分たちで地域の課題を解決するための力を持ち，自立的な課題解決に関わっていくことを意味する。こうしたエンパワーメントという視点もDWCMを考えていく必要がある。

④実行と評価

　課題を発見することができ，また良い解決案も考えることができ，その準備が整ったとしても，実際に，その取り組みを進めていかなければ，課題を解決することはできない。取り組みの「実効性」が求められる。しかし，その「実効性」は，時に，当事者の意識ではない理由で，担保できないことが起きる。確実に実行するためには，実効性が意図せざる要因で失われるリスクをできるだけ小さくしていく必要がある。

　そのひとつの理由が，予測困難性，不確実性である。これまで想定していなかった問題が生じることは当然にありうる。こうした予測困難で，不確実な事象に対する「準備」をあらかじめ行っていく必要がある。

　また課題を解決していく取り組みのプロセスにおいて，そのプロセスに参画している人々の間で意見が対立したり，さらには意欲が下がったりということ

が起こりうる。これも大きな理由になる。ここで重要なことは，時間を共有し，現場を共有し，共に悩み，共に考えることを続けていくことである。そのためには，感情や感性というレベルでの地域の人々が参加しやすい空間なり，場なりを設けられるようなルールを設定していくとともに，参加者のモチベーションを維持，向上させることができるモチベーターも必要である。そして年齢層，性別，経験等，多様な人々が参加することができる「場づくり」が必要である。どのように地域と「共に生きる」ことであり，「共に歩む」か。それもDWCM活動の重要な検討事項になる。

また実行をしていくなかで，その取り組みを「振り返り」，改善していくという評価の仕組みも重要なマネジメント活動となる。ここで確認をしておかなければならないのは，評価の対象は，「インプット」，「アウトプット」（結果），「アウトカム」（成果），「社会的インパクト」（影響）に分かれており，適切な評価を行うためには，どの指標（事実）が適切なのかということを見誤らないということである。

インプットとは，どのような資源をどのぐらい投入したのか，という事実であり，指標である。アウトプットは，簡単に言えば，資源を投入した結果である。アウトカムは，その結果はどのような成果を得ることができたのかということであり，インパクトは，その成果は，社会的にどのような影響を与えたのかという事実である。

地域の活動において，何かイベントを実施しようと，資金を投入し，5回のイベントが開催されたとする。このとき，イベントの回数は5回である事実がアウトプットであると言えよう。そのイベントを通じて，その地域として，「何を得ることができたのか」ということがアウトカムであり，イベントを通じて，副次効果として，社会的にどのような影響があったのかということが社会的なインパクトである。このように整理してみると，実はイベントを5回ほど開催したことは，あまり重要な意味を持っていないかもしれない，ということに気づくことができる。

つまり，インプット対アウトプット，インプット対アウトカム，アウトプッ

第6章 地域の幸せを高めるコミュニティマネジメント

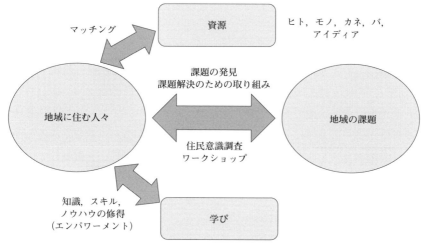

図6-5　DWCMの役割

ト対アウトカム，インプット対社会的インパクト，アウトプット対社会的インパクトを考えていくと，実は5回もイベントを開催していなくても，3回だけ開催するだけで，高いアウトカムを得られているかもしれない。すると，2回分のインプットは無駄であると言えるかもしれない。少なくとも，アウトプットだけではなく，アウトカムベースで評価をしていくことで，効率的な取り組みを進めていくことが可能になるだろう。

評価とは，「気づき」を得ることである。これまでやってきたことを「当たり前」のこととして，疑いもなく，続けていくのではなく，常に「気づき」を得ながら，改善をしていくという繰り返しが，取り組みを育て，取り組みをさらに進めていくことにつながっていくのである。

DWCMの機能をまとめると，**図6-5**のように描くことができる。ただし，DWCMを導入した地域運営組織が，どのような「仕組み」が良いかは，その地域の特性に合わせて検討していくべきである。

また，DWCMを導入していくためのサポートをしていくためには，まちづくりセンターなどの中間支援組織が必要である。こうした中間支援組織が，そ

れぞれのDWCに人材を派遣したり，学びの場を提供したり，もしくは外部の資源とのマッチングを行ったりしていくことは，DWCなり，地域運営組織なりの機能を高めていくことに大きく貢献する。

　DWCは，時に，三重県松阪市の住民協議会のような地域運営組織であったり，時に，中間支援組織であったり，時に，まちづくりセンターであったりする。ただ中間支援組織であったり，まちづくりセンターであったりする場合も，行政単位で単一のものにするということは避けた方が良い。地域にある公民館等の公共施設も活用しながら，地域単位で，こうしたDWCを構築していくことが望まれる。

　地域づくりとは，「ひとづくり」，「コミュニティづくり」である。ひとづくり，コミュニティづくりのためのケイパビリティ（潜在能力）をそれぞれの地域で持ち，高め，それを発揮させていくことが，地域づくりにとって重要な取り組みとなる。これまでも自助，共助，公助という言葉があった。各地域の行政の取り組みは，財政制約の厳しさも背景にしながら，「公助から自助や共助へ」という流れが大きな流れになっている。これは，本来，行政でやるべき仕事を，地域に押し付けていく，ということではない。地域でできることは地域で行い，地域だけではできないことは，地域と行政が協働して行ったり，行政が行ったりしていくということである。自助，共助とも，行政が関わるべきことはあるし，公助においても，個人や地域が関わるべきことがある。それぞれの「できること」，「やらなければならないこと」を再整理し，役割を再分担していくなかで，各地域が自分たちで，主体的に地域の課題を発見し，解決していくための力を高めていく，まさに地域のエンパワーメントを図っていくことこそが重要なのである。その理由のひとつとしては，同じ市内であっても，地域によって抱えている課題は異なり，その背景も異なるからである。その中で，各地域に住む人々の福祉（幸せ）を高めていくためには，地域自らが，地域の福祉（幸せ）を高めることができる力を持つことが必要だからである。

　地方創生とは，それぞれの地域に住む人々の価値観や幸せの基準に合った地域づくりを進め，地域が自ら地域の課題を発見し，主体的に課題解決に取り組

第6章　地域の幸せを高めるコミュニティマネジメント　　　　181

んでいくことができる仕組みとルールとマネジメント手法を，地域自らが選択していくことである。そして，同じ価値観を持つ人にとって，その地域は魅力的に映り，その地域への移住を考えるかもしれないし，その地域に住み続けることを選択するかもしれない。地方創生とは，人口移動に関わる規制を強化し，「無理」に地域を存続させることではなく，地域をエンパワーメントし，地域が自ら持続できる力を付けていくための地域づくりである必要がある。その時に，DWCというケイパビリティを持つ仕組みと，DWCMという手法を活用していくことが，地域づくり，または地方創生の大きな鍵となる。

結びに代えて：普遍的な価値を手にするとき

　本書では，地方創生を経済，人口・都市政策，地域づくりの3つの視点から検討をしてきた。地方創生の取り組みをひとつの観点だけの「虫の眼」だけで見るのではなく，第2次，第3次安倍政権の政策全体の中での「地方創生」を見ていく「鳥の眼」，そして人口減少，少子化，高齢化といった時代の趨勢の中で捉える「魚の眼」で捉えると，地方創生という政策の世界は，それぞれ異なった景色として見えてくるだろう。政府主導の地方創生が失敗する可能性があるのは，地方創生を「虫の眼」だけで捉え，事業を展開していくことにあり，「鳥の眼」，「魚の眼」からも地方創生を捉え，3つの眼から見ていく総合政策の観点から検討をしていくことで，「失敗する」リスクを軽減することができるかもしれない。

　政府の地方創生の取り組みの中で欠けている視点は，規制改革と分権改革の視点である。地方創生の取り組みは，規制改革と分権改革が伴って，初めて機能していくと考えられる[1]。

地方創生と規制改革

　地方創生の取り組みの特徴は，「創意工夫」と「競争」にある。それぞれの地域が，地域住民，地域産業，地域の教育機関，地域の金融機関，そして地域で働く人々が連携をして，創意工夫を重ねながら，独自の「地方創生」の戦略

---

1) 規制改革と分権改革については，別稿でまとめる。

を策定し，取り組みを行っていく。そうした戦略や具体的な事業を評価し，「競争的な資金」として地方創生を推進していくための交付金等を支出していく，ということが「建前」である。2017年度の地方創生関連予算では，地方創生推進交付金に1,000億円，総合戦略を踏まえた個別政策に6,536億円，地方財政計画におけるまち・ひと・しごと創生事業費に1兆円，社会保障の充実に1兆224億円と，合計で2兆7,760億円が計上されている。

　これまでの補助金と性質が異なるのは，単なる「バラマキ」ではなく，地域が連携し，独自に策定した，特色ある「地方創生戦略」に基づいた地方創生事業に対し，競争的に資金を投入していくということであると言える。つまり，連結性（Connective），創造性（Creative），競争性（Competitive）の3つの「C」が地方創生のキーワードであると言える。ここで重要なのは，こうした3つの「C」が本当に機能するかどうかという問題である。

　この3つの「C」が機能していくためには，規制改革を推進していく必要がある。地域が創意工夫をしながら，地域の課題を解決しようとしたり，地域を活力を高めようとしようとしたりしても，規制が存在することによって，そうしたアイディアを実行することができないかもしれない。

　また，現在は規制が存在する分野の規制が緩和されることにより，民間事業者にとって新たな参入機会となる市場（ビジネスチャンス）が拡大するかもしれない。民間事業者が参入することにより，安価で，質の高いサービスが提供され，人々の幸せが高まる可能性もあるが，規制によって，それが阻害されることもある。

　政府が地域に対し，創造性を要請していくのであれば，その創造性を十分に発揮できる環境を整えていく必要がある。

　もちろん，規制改革は利害調整を必要とする。つまり，既存の事業者にとっては，規制緩和によって，既得権が消失したり，減少したりする。規制改革の議論の場では，単に規制緩和を検討するだけではなく，既得権の消失に対する補償をどのように行っていくのか，ということも検討し，利害調整の交渉を続けていく必要がある。現在の規制改革推進会議では，その視点が弱い。規制改

革の議論を進めるためには，戦略的に交渉をしていく必要がある．

　規制改革を進めるべきかどうかの判断基準は，社会的厚生を高めるか，低めるかということである．社会全体の厚生が増加していくのであれば，その分野の改革は進めていくべきであるし，社会全体の厚生が低下するのであれば改革は止めるべきである．まず，その判断（テスト）をすることが必要である．次に，社会全体の厚生を高めていくことがわかり，規制改革を進めていくべきであるとしたら，規制改革によって既得権を消失したり，利益を損なったり人々との対話と利害調整の交渉をしていくべきである．政治的資本の大きさは，その利害調整の交渉を左右させる．

　どのように，そうした利害を調整すべきであろうか．そのひとつのアイディアは，補助金の活用である．

　例えば，民泊の問題を考えてみよう．旅館業法の規制を緩和し，民泊事業を可能とすれば，確かに，既存の宿泊事業者がダメージを負う可能性がある．ここで，例えば，単なる所得補償のための補助金ではなく，ホテルや旅館，民宿等のブランド価値を高めるための補助金として活用してはどうだろうか．具体的には，ブランド価値を高めるノウハウやマーケティングのノウハウ分析を持つ専門家を招聘する費用，マーケティングに必要なデータベースやデータシステムの整備費用などに活用できる補助金．さらに，他分野との連携によって，ホテルや旅館，民宿のサービスを向上することが可能であるとすれば，そのために必要な設備投資に活用できる補助金といった仕組みである．

　民泊は安価に宿泊することができるが，そこで提供されるサービスの質も低いかもしれない．一方，既存の事業者は，サービスの質を高めることにより，差別化を図ることで，お客様に選んでいただけるホテルや旅館，民宿等になれるかもしれない．それによって収益力を高めることができるかもしれない．規制改革と補助金を活用していくことで，新たな創造性を生み，新たな連結を通じて，新たな競争力を持つことが可能になる．

地方創生と分権改革

　また規制改革とともに必要なのは分権改革である。現在の地方創生を見ると，どうしても中央集権的な地方創生となっている。また地域側から見ると，地域が自由な発想で，自分たちなりの地域づくりを進めていきたいが，ボトルネックがあって，自由度は，そこまで高くない，というような感触も受ける。これは，規制改革とともに，権限と財源が移譲される地方分権改革が進んでいないからであろう。

　並河（2003）では，規制改革と分権改革とは国による縛りを撤廃・緩和させるという点で類似点は多いが，その根本的な違いについて，規制改革では，「中央政府だけでなく自治体による規制も含めた政府規制すべての撤廃・緩和を求めているため，規制の主体を自治体に移すことにはほとんど関心を払わない」，一方，地方分権改革では，「規制の権限を中央政府から自治体に移すことを主眼としていて，規制を緩和するか強化するかは，その自治体の住民の選択に任せるというのが基本的な立場である」[2]。

　つまり，国（中央政府）にとっては，規制を撤廃・緩和することには変わりはないが，規制そのものを撤廃・緩和することが「規制改革」であり，規制の緩和・強化の権限を自治体が持つことが「分権改革」と言える。地方分権では，規制そのものは残しながらも，そのコントロール権限は自治体が持つことができる。極端に言えば，地域に住む人々の判断で，規制を強化することもできるし，規制を緩和・撤廃することができる。その方が，地域の特性に応じた柔軟な取り組みが進めやすくなるだろう。例えば，待機児童問題を考えれば，現在も独自の基準での「認証」を行っている自治体も多いが，保育所に関わる規制の権限を自治体に移譲することで，地域の特性を踏まえた規制を設定することが可能になる。その地域のニーズに応じた形で，保育サービスを提供することも可能になる。また，介護サービスも同様である。例えば，サービス付き高齢

---

[2] 並河（2003）。

結びに代えて：普遍的な価値を手にするとき　　　　　　　　　　187

者住宅の規制を独自に設定することが可能になる。ここで注意が必要なのは，必ずしも規制を緩和することだけではなく，必要に応じて規制を強化することも可能である。地域のニーズにより，サービスの質を高めるために，規制を強化することも地方分権が進むことで可能になる。

　地方分権の取り組みは，第3次行政改革推進審議会（第3次行革審）から始まる。その後の1999年の地方分権一括法の成立までが第1次分権改革と位置付けられ，小泉内閣における三位一体改革を経て，第2次分権改革が進んでいる。またこの間，パイロット自治体制度（地方分権特例制度），構造改革特区制度，総合特区制度，国家戦略特区制度など，地域を限定した規制改革の取り組みも行われている。さらに地域再生法に基づく各地域の地域再生計画を推進していくための支援も行われている。この地域再生法の延長線上に，地方創生がある。

　このような流れの中で，前に進めていくべきは，財源の移譲である。どんなに自由な発想があっても，どんなに権限があっても，それを実行していくための予算がなければ，地域経済の再生，新たな成長に向けた取り組み，そして地域づくりは進んでいかない。権限ととともに財源を移譲していくことが，地方創生を推進させていくためには必要である。

　もちろん，特区のように，まずは地域を限定して取り組みを，実験的に始めていくという方法もあるかもしれない。しかし，地域で創意工夫したアイディアを生かしていくのであれば，そのアイディアを地域が独自の判断で実行するための環境を整えていく必要がある。

　地方自治体にとって，財政上の大きなリスクは，公共施設の更新問題であるだろう。現在，公共施設の長寿命化を進めている地域もあるが，いずれの時期には，更新をしていかなければならない。その時に，修繕で済ませるのか，建て替えを行うのか，または縮小・廃止するのか，という点を議論していく必要がある。この時の更新費用は，将来の財政負担となり，リスクとして考えることができる。公共事業も含め，こうした潜在的な財政負担をどのように軽減していくのか，または投資をしていくのかという点については，地域に住む人々との合意形成を進めていく必要がある。

Show Up, Dive in, Stay at it

　2015年は「地方創生元年」と呼ばれた。2016年3月に，全国の自治体が「地方版まち・ひと・しごと創生総合戦略」を策定し，本格的に地方創生の事業が進められた。地方創生の果実を手にすることは，まだ先のことであろう。成果を焦ってはいけない。地方創生，地域づくりとは時間がかかるものである。短期的な成果ではなく，中長期的な視点で考えていく必要がある。地域づくりの成果を早急に求めることは，その地域づくりを失敗させる原因になる。地方創生は「魔法の杖」ではない。

　地方創生で進めていくべきことは，経済的には供給制約を緩和させていくことである。しかしながら，どうしても地方創生の取り組みでは，需要サイドに目を奪われがちである。需要と供給のバランスを考えれば，需要が増加したところで，供給サイドの制約が大きければ，経済は縮小均衡してしまうだろう。そこで，例えば，子育てや介護のニーズの高まりに対応していくためには，労働供給の制約を緩和させていく必要があり，政府も自治体も，その点に力を注いでいくべきである。具体的に言えば，規制改革と分権改革である。規制改革を通じて，民間事業者に市場が開放されることにより，サービス供給の担い手を増加させることができる。そして，分権改革を通じて，こうしたサービスの安全性等の規制を地域が，地域の特性に応じて規制を強化したり，緩和したりすることができるようにする。それによって，地域の特性に応じたサービスの質を確保していくことができるだろう。

　また労働市場改革は，供給制約を取り除いていく上でも早急に対応していかなければならない論点である。労働市場改革を通じて，地域間，産業間の流動性を高めていく必要がある。これも地方創生として取り組んでいかなければならない課題である。

　ここでひとつ注意しておかなければならないのは，需要と供給のバランス（均衡）には「タイムラグ」が生じるということである。このタイムラグによ

るショックを，どの程度，考慮しておくかは政策を考える際に忘れてはならない視点である。

人口減少，少子化，高齢化の問題は，当然ながら，対応していかなければならない問題である。しかし，地域経済の再生や成長，さらには地域づくりの議論に，いびつな形で入ってきたことにより，地方創生が目指すべきエンジンの回転が別の方向に回転してしまっているようである。これが政府主導の地方創生が失敗するという危機感を得る理由である。

政府は，地方創生を主導するのではなく，規制改革や分権改革を進め，地方創生を進めやすくするための環境整備を行い，そして地域経済の活力を高めるために必要な制度設計や補助金の交付を通じてサポートしていくという方針に転換していくことが望ましいだろう。特に，人口移動を制限していくような規制強化につながる政策は行うべきではない。

最後に，地域づくりの話に戻りたい。地域づくりの取り組みを進めていくために必要なことは，派手な事業を行うことでもなく，特別なことをすることでもない。地域の人々の想いや目線とは異なる「地域づくり」を進めてしまうようなことは避けなければならない。地域づくりの原点，スタート地点は，その地域に住む人々であり，そこにあるコミュニティである。地域に住む人々の価値観，大切にしたいこと，幸せの基準に基づき，地域の人々が主体的に地域づくりに参加し，参画し，協働しながら，自分たちの幸せを高め，守っていくことが重要なのである。

その基盤となるのは，民主主義であり，社会的関係資本であろう。民主主義は制度としては，完璧な制度ではなく，欠陥もある。民主主義がポピュリズムに走りすぎれば，民主主義は暴走をするかもしれない。民主主義の制度は，非常に不安定であり，時に脅威にさらされる。

しかし，民主主義は，人々の自由と尊厳を守り，権利を保障し，市民としての義務を課すという点で普遍的な価値である。投票率の低下，地域コミュニティへの参加の低下，もしかすると，いま民主主義の価値は危機に直面していると言えるかもしれない。

結びに代えて：普遍的な価値を手にするとき

　米国のオバマ前大統領は，2017年1月のシカゴで行った退任演説で，以下のようなメッセージを国民に発した。

"Show up. Dive in. Stay at it. Sometimes you'll win. Sometimes you'll lose. Presuming a reservoir of goodness in other people, that can be risk, and there will be times when the process will disappoint you. But for those of us fortunate enough to have been part of this work, and to see it up close, let me tell you, it can energize and inspire. And more often than not, your faith in America and in Americans will be confirmed. Mine sure has bee." (Barack Hussein Obama)[3]

　地域づくりは，その地域に住む人々から始まる。民主主義の原点は，国民であり，市民である。繰り返しになるが，地域づくりは人づくりであり，コミュニティづくりである。いま，考えなければいけないことは，その地域にある日常の生活であり，その生活の中にある幸せや不安である。そして地域に住む人々が，地域づくりに関わり，自分たちで自分たちの地域の未来を決めて，取り組んでいくことである。地方創生の原点は，その普遍的な価値を手にすることから始まる。それを忘れてはならない。

　地域づくりに参加することから始める。そして，何かできることから関わる。何かフォーマットがあるのではなく，自由な発想で，自分たちなりの取り組みを進めていく。それが地方創生の基本であり，そこに戻る必要がある。

3）「［対訳］オバマ退任演説」朝日新聞出版社，p. 80。

参考文献

阿比留瑠比（2016），『総理の誕生』，文藝春秋

Acemoglu, Daron and Robinson, James, A. (2012), *Why Nations Fail: The Origins of Power, Prosperity, and Poverty*, Crown Publishers［鬼澤忍訳（2013），『国家はなぜ衰退するのか：権力・繁栄・貧困の起源（上）（下）』，早川書房］

Atkinson, Anthony (2015), *Inequality: What Can Be Done?*, Harvard University Press［山形浩生・森本正史訳（2015），『21世紀の不平等』，東洋経済新報社］

Aoki, Masahiko (2010), *Corporations in Evolving Diversity: Cognition, Governance, and Institutions*, Oxford University Press［谷口和弘訳（2011），『コーポレーションの進化多様性：集合認知・ガバナンス・制度』，NTT出版］

青木昌彦・岡崎哲二・神取道宏監修（2016），『比較制度分析のフロンティア』，NTT出版

Baumol, William J., Litan, Robert E., and Schramm, Carl J. (2007), *Good Capitalism, Bad Capitalism, and The Economics of Growth and Prosperity*, Yale University Press［原洋之介監訳（2014），『良い資本主義，悪い資本主義：成長と繁栄の経済学』，書籍工房早山］

Brennan, Geoffrey and Buchanan, James M. (1985), *The Reason of Rules: Constitutional Political Economy*, Cambridge University Press［深沢実監訳（1989），『立憲的政治経済学の方法論：ルールの根拠』，文眞堂］

Brennan, Geoffrey and Eusepi, Giuseppe (2009), *The Economics of Ethics and the Ethics of Economics: Values, Markets and the State*, Edward Elgar

Buchanan, James M. and Wagner, R. E. (1977), *Democracy in Deficit: The Political Legacy of Lord Keynes*, Academic Press［深沢実・菊池威訳（1979），『赤字財政の政治経済学』，文眞堂］

Buchanan, James M., Rowley, C. K., and Tollison, R. T. (1987), *Deficits*, Blackwell［加藤寛監訳（1990），『赤字財政の公共選択論』，文眞堂］

Buchanan, James M. (1991), *The Economics and Ethics of Constitutional Order*, University of Michigan Press［加藤寛監訳（1992），『コンスティテューショナルエコノミックス：極大化の論理から契約の論理へ』，有斐閣］

Buchanan, James M. and Musgrave, Richard A. (1999), *Public Finance and Public*

Choice, Massachusetts Institute of Technology［関谷登・横山彰監訳（2003），『財政学と公共選択：国家の役割をめぐる大激論』，勁草書房］

Buchanan, James M. and Yoon, Yong J.（2000）, "Symmetric Tragedies: Commons and Anticommons," *The Journal of Law & Economics,* Vol. XLIII, pp.1-13

Buchanan, James M.（2007）, *Economics from the Outside in: Better than Plowing and Beyond,* Texas A&M University Press

Caplan, Bryan（2007）, *The Myth of the Rational Voter: Why Democracies Choose Bad Policies,* Princeton University Press［長峯純一・奥井克美監訳（2009），『選挙の経済学』，日経BP社］

中央大学経済研究所編（2016），『日本経済の再生と新たな国際関係』，中央大学出版部

中央大学経済研究所経済政策研究部会編（2016），『経済成長と経済政策』，中央大学出版部

中央大学総合政策学部編（2009）『新たな「政策と文化の融合」：総合政策の挑戦』，中央大学出版部

Congleton, Roger D.（2011）, *Perfecting Parliament,* Cambridge University Press［横山彰・西川雅史監訳（2015），『議会の進化―立憲的民主統治の完成へ―』，勁草書房］

Downs, A.（1957）, *An Economic Theory of Democracy,* Haroper & Row［古田精司監訳（1980），『民主主義の経済理論』，成文堂］

Downs, A.（1960）, "Why the Government Budget is Too Small in a Democracy," *World Politics,* 12, pp.541-563

Florida, Richard（2005）, *Cities and Creative Class*, Routledge,［小長谷一之訳（2010），『クリエイティブ都市経済論』，日本評論社］

Florida, Richard（2011）, *The Rise of the Creative Class, Revisited (10th Anniversary Edition),* Basic Books［井口典夫訳（2014），『新クリエイティブ資本論：才能が経済と都市の主役となる』，ダイヤモンド社］

Friedman, Milton（1962）, *Capitalism and Freedom,* The University of Chicago Press［村井章子訳（2008），『資本主義と自由』，日経BP社］

藤井聡・村上弘・森裕之編（2015），『大都市自治を問う：大阪・橋下市政の検証』，学芸出版社

藤野英人（2016），『ヤンキーの虎：新・ジモト経済の支配者たち』，東洋経済新報社

藤原忠彦（2009），『平均年収2500万円の農村：いかに寒村が豊かに生まれ変わったか』，ソリックブックス

浜田宏一（2015），『アメリカは日本経済の復活を知っている』，講談社 α 文庫

浜田宏一（2017），「「アベノミクス」私は考えなおした」，『文藝春秋』2017年1月号，pp.124-131

橋本卓典（2016），『捨てられる銀行』，講談社現代新書

八田達夫編著（1994），『東京一極集中の経済分析』，日本経済新聞社

八田達夫・八代尚宏編著（1995），『東京問題の経済学』，東京大学出版会

八田達夫編著（2006），『都心回帰の経済学』，日本経済新聞社

原田泰・片岡剛士・吉松崇（2017），『アベノミクスは進化する』，中央経済社

樋渡啓祐（2008），『「力強い」地方づくりのためのあえて「力弱い」戦略論』，ベネッセ

樋渡啓祐（2010），『首長パンチ』，講談社

樋渡啓祐（2014a），『反省しない。：すぐやる，攻める，そして組む』，中経出版

樋渡啓祐（2014b），『沸騰！　図書館：100万人が訪れた驚きのハコモノ』，角川 one テーマ 21

Heller, Michael A. (1998), "The Tragedy of the Anticommons: Property in the Transition from Marx to Markets," *Harvard Law Review*, 621, pp.622-688

Heller, Michael A. and Eisenberg, Rebecca (1998), "Can Patents Deter Innovation? The Anticommons in Biomedical Research," *Science*, 280, pp.698-701

Helpman, Elhanan (2004), *The Mystery of Economic Growth*, Harvard University Press［大住圭介・池下研一郎・野田英雄・伊ケ崎大理訳（2009），『経済成長のミステリー』，九州大学出版会］

Hillery, G. A. (1955), "Definition of community: Areas of agreement," *Rural Sociology*, Vol.20, pp.111-123［山口弘光訳（1978），「コミュニティの定義：合意の範囲をめぐって」，鈴木弘監訳『都市化の社会学（増補版）』，誠信書房］

細川昌彦（2008），『メガ・リージョンの攻防』，東洋経済新報社

細野助博（2000），『スマートコミュニティ：都市の再生から日本の再生へ』，中央大学出版部

細野助博（2010），『コミュニティの政策デザイン』，中央大学出版部

細野助博（2013），『まちづくりのスマート革命：主張する"まち"だけが生き残る』，時事通信社

細野助博（2016），『新コモンズ論』，中央大学出版部

市川宏雄（2015），『東京一極集中が日本を救う』

井堀利宏（2016），『消費税増税は，なぜ経済学的に正しいのか：「世代間格差拡大」の財政的研究』，ダイヤモンド社

井堀利宏・小西秀樹（2016），『政府の行動：アベノミクスの理論分析』，木鐸社
猪谷千香（2016），『町の未来をこの手でつくる：紫波町オガールプロジェクト』，幻冬舎
今村晴彦・園田紫乃・金子郁容（2010），『コミュニティのちから："遠慮がちな"ソーシャル・キャピタルの発見』，慶應義塾大学出版会
稲葉陽二（2007），『ソーシャル・キャピタル』，生産性出版
石弘光（2009），『消費税の政治経済学』，日本経済新聞出版社
石弘光（2012），『増税時代：われわれは，どう向き合うべきか』，ちくま新書
石弘光（2014），『国家と財政：ある経済学者の回想』，東洋経済新報社
石倉洋子・藤田昌久・前田昇・金井一頼・山崎朗（2003），『日本の産業クラスター戦略：地域における競争優位の確立』，有斐閣
岩佐十良（2015），『里山を創生する「デザイン的思考」』，メディアファクトリー
金子郁容（2002），『コミュニティ・ソリューション：ボランタリーな問題解決に向けて』，岩波書店
加藤寛・中村まづる（1994），『総合政策学への招待』，有斐閣
加藤寛・丸尾直美（1998），『福祉ミックス社会への挑戦―少子・高齢時代を迎えて』，中央経済社
加藤寛・丸尾直美（2002），『福祉ミックスの設計―「第三の道」を求めて』，有斐閣
加藤寛・竹中平蔵（2008），『改革の哲学と戦略』，日本経済新聞出版社
加藤寛（2013），『日本再生最終勧告：原発即時ゼロで未来を拓く』，ビジネス社
川本明（1998），『規制改革：競争と協調』，中公新書
川本明（2013），『なぜ日本は改革を実行できないのか：政官の経営力を問う』，日本経済新聞出版社
川本明・矢尾板俊平・小林慶一郎・中里透・野坂美穂（2016），『世の中の見え方がガラッと変わる経済学入門』，PHP研究所
川本明（2016），「検証・成長戦略（上）「供給」側の制約解消を」，『日本経済新聞』2016年7月13日付け朝刊「経済教室」
川崎一泰（2013），『官民連携の地域再生：民間投資が地域を復活させる』，勁草書房
菊池新一（2007），『遠野まちづくり実践塾』，無明舎出版
菊池理夫（2011），『共通善の政治学：コミュニティをめぐる政治思想』，勁草書房
公益財団法人荒川区自治総合研究所編（2010），『あたたかい地域社会を築くための指標：荒川区民総幸福度』，八千代出版
公益財団法人荒川区自治総合研究所編（2012），『地域力の時代：絆がつくる幸福な地域社会』，三省堂

小林慶一郎（2015），「データで見た「三本の矢」の的中率」,『文藝春秋』2015年12月号，pp.104-1118

黒川和美（2002），『黒川和美の地域激論：日本の問題，地方の課題』，ぎょうせい

黒川和美編著（2006），『地域金融と地域づくり：二層の広域連携時代における地域金融の課題と役割』，ぎょうせい

Lin, Nan（2001）, *Social Capital: A Theory of Social Structure and Action*, Cambridge University Press［筒井淳也・石田光規・桜井政成・三輪哲・土岐智賀子訳（2008），『ソーシャル・キャピタル：社会構造と行為の理論』，ミネルヴァ書房］

まち・ひと・しごと創生本部（2016），「地域の課題解決を目指す地域運営組織—その量的拡大と質的向上に向けて—最終報告」

MacIver, R. M.（1917）, *Community*, Macillan［中久郎・松本通晴監訳（1975），『コミュニティ』，ミネルヴァ書房］

丸尾直美・宮垣元・矢口和宏編著（2016），『コミュニティの再生：経済と社会の潜在力を活かす』，中央経済社

増田寛也編著（2014），『地方消滅：東京一極集中が招く人口急減』，中公新書

増田寛也・冨山和彦（2015），『地方消滅　創生戦略篇』，中公新書

増田寛也・河合雅司（2015），『地方消滅と東京老化』，ビジネス社

松谷明彦（2009），『人口流動の地方再生学』，日本経済新聞出版社

松谷明彦（2010），『人口減少時代の大都市経済』，東洋経済新報社

松島克守・坂田一郎・濱本正明（2005），『クラスター形成による「地域新生のデザイン」』，株式会社東大総研

McGinnis, Michael D.（1999）, *Polycentricity and local Public Economies: Readings from the Workshop in Political Theory and Policy Analysis*, The University of Michigan Press

森信茂樹編著（2017），『税と社会保障でニッポンをどう再生するか』，日本実業出版社

Mueller, Dennis C.（2009）, *Reason, Religion, Democracy*, Cambridge University Press

永久寿夫（1995），『ゲーム理論の政治経済学：選挙制度と防衛政策』，PHP研究所

内閣府経済社会総合研究所（2016），『地方創生と大学：大学の知と人材を活用した持続可能な地方の創生』，公人の友社

中村良平（2014），『まちづくり構造改革：地域経済構造をデザインする』，日本加除出版株式会社

中澤克佳・矢尾板俊平・横山彰（2015），「子育て支援に関わる社会インフラの整備とサービスに関する研究：出生率・子どもの移動に与える影響と先進事例の検討」，『フィナンシャル・レビュー』第124号，pp.7-28
中澤克佳・宮下量久（2016），『「平成の大合併」の政治経済学』，勁草書房
並河信乃（2003），「地方分権と構造改革特区：パイロット自治体の経験から」，『月刊自治研』第45号，pp.33-40
並河信乃（2015），「"地方創生"にどう向き合うのか」，『月刊自治研』第57号，pp.18-24
西川雅史（2011），『財政調整制度下の地方財政：健全化への挑戦』，勁草書房
North, Douglass C. (2005), *Understanding the Process of Economic Change,* Princeton University Press［瀧澤弘和・中林真幸監訳（2016），『制度原論』，東洋経済新報社］
NPO法人グルーンバレー・信時正人（2016），『神山プロジェクトという可能性：地方創生，循環の未来について』，廣済堂出版
大社充（2013），『地域プラットフォームによる観光まちづくり：マーケティングの導入と推進体制のマネジメント』，学芸出版社
太田耕史郎（2016），『地域産業政策論』，勁草書房
Ostrom, Elnor (1990), *Governing the Commons: The Evolution of Institutions for Collective Action,* Cambridge University Press
Poter, Michael E. (1990), "The Competitive Advantage of Nations," *Harvard Business Review*, March-April［竹内弘高訳（1999），『競争戦略論Ⅱ』，ダイヤモンド社所収］
Poter, Michael E. (1998), *On Competition,* Harvard Business School Press［竹内弘高訳（1999），『競争戦略論Ⅱ』，ダイヤモンド社］
Poter, Michael E., Schwab, Klaus, and Lopez-Carlos, Augsto (2005), *The Global Competituveness Report 2005-2006,* The World Economic Forum［鈴木立哉・渡部典子・上坂伸一訳（2006），『国の競争力』，ファーストプレス］
Putnam, Robert D. (1993), *Making Democracy Work,* Princeton University Press［河田潤一訳（2001），『哲学する民主主義：伝統と改革の市民的構造』，NTT出版］
Putnam, Robert D. (2000), *Bowling Alone,* The Collapse and Revival of American Community, Simon & Schuster［柴内康文訳（2006），『孤独なボウリング：米国コミュニティの崩壊と再生』，柏書店］
Reich, Robert. B. (2012), *Beyond Outrage,* Vintage［雨宮寛・今井章子訳（2014），

『格差と民主主義』, 東洋経済新報社]

Riker, W. and Ordeshook, P. (1968), "A Theory of the Calculus of Voting," *American Political Review*, 62, pp.28-42

Roth, Alvin E. (2015), *Who Gets What — and Why: The New Economics of Matchmaking and Market Design*, William Collins [櫻井祐子訳 (2016),『Who Gets What：マッチメイキングとマーケットデザインの 新しい経済学』, 日本経済新聞社]

堺屋太一・上山信一・原英史 (2012),『図解大阪維新とは何か』, 幻冬舎

佐原隆幸・徳永達己 (2016),『国際協力アクティブ・ラーニング：ワークでつかむグローバルキャリア』, 弘文堂

佐々木信夫 (2015),『人口減少時代の地方創生論：日本型州構想がこの国を元気にする』, PHP研究所

Schelling, Thomas (2006), *Micromotives and Macrobehavior*, W. W. Norton & Company, Inc [村井章子訳 (2016),『ミクロ動機とマクロ行動』, 勁草書房]

Sen, Amartya, K. (1970), *Collective Choice and Social Welfare*, Holden-Day Inc. [与田基与師監訳 (2000),『集合的選択と社会的公正』, 勁草書房]

Sen, Amartya, K. (1985), *Commodities and Capabilities*, Elsevier Science Publishers [鈴村興太郎訳 (1988),『福祉の経済学：財と潜在能力』, 岩波書店]

Sen, Amartya, K. (1982), *Choice, Welfare and Measurement*, Harvard University Press [大庭健・川本隆史訳 (1989),『合理的な愚か者』, 勁草書房]

Sen, Amartya, K, (2014), *Rationality and Freedom*, Harvard University Press [若松良樹・須賀晃一・後藤玲子監訳 (2014),『合理性と自由 (上)(下)』, 勁草書房]

Sen, Amartya, K. (2009), *The Idea of Justice*, Penguin Books Ltd. [池本幸生訳 (2011),『正義のアイデア』, 明石書店]

Shapiro, Ian (2003), *The State of Democratic Theory*, Princeton University Press [中道寿一訳 (2010),『民主主義理論の現在』, 慶應義塾大学出版会]

清水真人 (2013),『消費税　政と官との「十年戦争」』, 新潮社

篠原匡 (2014),『神山プロジェクト：未来の働き方を実験する』, 日経BP社

塩見英治・山﨑朗編 (2011),『人口減少下の制度改革と地域政策』, 中央大学出版部

淑徳大学コミュニティ政策学部編 (2013),『コミュニティ政策のはなし』, 成文堂

曽根泰教・柳瀬昇・上木原弘修・島田圭介 (2013),『「学ぶ, 考える, 話しあう」討論型世論調査：議論の新しい仕組み』, ソトコト新書

総務省 (2015),「暮らしを支える地域運営組織に関する調査研究事業報告書」

Stiglitz, Joseph E. (2016), *The Euro*, W. W. Norton & Company, Inc. [峯村利哉訳

（2016），『ユーロから始まる世界経済の大崩壊：格差と混乱を生み出す通貨システムの破綻とその衝撃』，徳間書店〕

橘木俊詔・浦川邦夫（2012），『日本の地域間格差：東京一極集中型から八ヶ岳方式へ』，日本評論社

玉村雅敏・横谷浩一・上木原弘修・池本修悟（2014），『ソーシャルインパクト：価値共創（CSV）が企業・ビジネス・働き方を変える』，産学社

玉村雅敏編著（2014），『社会イノベーションの科学：政策マーケティング・SROI・討論型世論調査』，勁草書房

玉村雅敏・小島敏明（2016），『東川スタイル：人口8000人のまちが共創する未来の価値基準』産学社

玉村雅敏編著（2016），『ソーシャルパワーの時代：「つながりのチカラ」が革新する企業と地域の価値共創（CSV）戦略』，産学社

チームさかわ著（2016），『みんなでつくる総合計画』，学芸出版社

上村敏之・田中宏樹編著（2006），『「小泉改革」とは何だったのか：政策イノベーションへの次なる指針』，日本評論社

上村敏之・田中宏樹編著（2008），『検証格差拡大社会』，日本経済新聞出版社

上山信一（2012），『公共経営の再構築：大阪から日本を変える』，日経BP社

上山信一・紀田馨（2015），『検証大阪維新改革』，ぎょうせい

山田正人（2016），「地方創生の時代における地域中核企業支援について」，『淑徳大学サービスラーニングセンター年報』第6号，淑徳大学サービスラーニングセンター，pp.29-34，2016年3月

山口敬之（2016），『総理』，幻冬舎

山中光茂（2012），『巻き込み型リーダーの改革：独裁型では変わらない！』，日経BP社

山中光茂（2011），「松阪市の市民分権について―行政と地域（住民協議会）との連携―」『地域問題研究』No.81，一般社団法人地域問題研究所，2011年8月，pp.44-47

山内道雄・岩本悠・田中輝美（2015）『未来を変えた島の学校』，岩波書店

柳瀬昇（2005），「討論型世論調査の意義と社会的合意形成機能」，『KEIO SFC JOURNAL』第4巻第1号，pp.76-95

柳瀬昇（2012），「公共政策をめぐる民主的討議の場の実験的創設：わが国における初めての本格的な討論型世論調査の実施の概況」，『駒澤大学法学部研究紀要』第70号，pp.55-142

柳瀬昇（2013），「公共政策の形成への民主的討議の場の実装：エネルギー・環境の選

択しに関する討論型世論調査の実施の概況」、『駒澤大学法学部研究紀要』第71号、pp.53-185

八代尚宏（2016），『シルバー民主主義：高齢者優遇をどう克服するか』，中公新書

矢尾板俊平（2008a），「2000年代の景気拡張の要因とリスク：構造改革は，景気回復に結びついたのか」，『経済学論纂』第48巻第1・2合併号，pp.47-69

矢尾板俊平（2008b），「知的財産権の公共選択分析：グローバル化，高度情報化時代における制度設計に関する総合政策研究」，中央大学大学院総合政策研究科博士学位請求論文

矢尾板俊平（2009），「日本経済における危機サイクル仮説：総合政策研究の方法論から」，『総合政策研究（中央大学）』創立15周年記念特別号，pp.171-182

矢尾板俊平（2010），「地域間格差の拡大は，構造改革の成果か？：地域間格差の循環仮説の検証」，『三重中京大学研究フォーラム』第6号，pp.43-51

矢尾板俊平（2011a），「公共選択とコミュニティ政策」，『淑徳大学研究紀要』第45号，pp.97-114

矢尾板俊平（2011b），「成長のカギは地域にあり」，『改革者』2011年4月号，pp.44-47

矢尾板俊平（2012a），「人口減少・高齢化における地域政策：松阪市の状況と政策」，『三重中京大学地域社会研究所報』第24号，pp.89-100

矢尾板俊平（2012b），「人口減少・高齢化における経済圏をベースにした地域間格差：実態把握と政策の方向性」，『中央大学経済研究所年報』第43号，pp.69-81

矢尾板俊平（2012c），「新たな成長の源泉は，地元企業の競争力にあり」，『改革者』2012年3月号，pp.42-45

矢尾板俊平（2013a），「松阪市の地域経営の課題：高齢化，人口変動，他市との比較を踏まえて」，『三重中京大学地域社会研究所報』第25号，p.79-95

矢尾板俊平（2013b），「オリンピック後の東京を描け：東京に必要な政策イノベーションとそのデザイン」，『改革者』2013年2月号，pp.42-45

矢尾板俊平（2014a），「いかに地域は成長し，持続可能性を高めることができるのか：地域のイノベーションに関する仮説の提起」，『淑徳大学研究紀要』第48号，pp.225-236

矢尾板俊平（2014b），「東京に必要なデザイン力とコーディネート力：求められる超高齢化社会の都市モデル」，『改革者』2014年7月号，pp.48-51

矢尾板俊平（2014c），「いまこそ「改革」の旗を掲げよ：地域創生のためには政治的資本の結集が必要」，『改革者』2014年12月号，p.6-9

矢尾板俊平（2015a），「人口縮減時代の地方創生戦略をどう策定するか？：中央集権

型の発想を捨てよ」,『改革者』2015年10月号, pp.42-45
矢尾板俊平 (2015b),「未来を創造する「まち」と「しごと」の復興:被災地域のインタビュー調査に基づきながら」,『改革者』2015年11月号, pp.50-53
矢尾板俊平・野坂美穂 (2015),「包括的な地域創生モデルをいかに設計すべきか？」, 日本計画行政学会 第38回 (2015年度) 全国大会報告
矢尾板俊平 (2016a),「日本経済再生と安倍政権の経済政策:アベノミクスの現状と課題」,『淑徳大学研究紀要（総合福祉学部・コミュニティ政策学部）』第50号, 平成28年3月, pp.119-133
矢尾板俊平 (2016b),「「一億総活躍社会」の見取り図の先にあるもの:アベノミクス第二ステージは経済成長への基盤作り」,『改革者』2016年2月号, pp.42-45
矢尾板俊平・上原佑生・大野魁斗・田村直人・鴻川貴也・馬場優樹・水野智尋・井上采・岩崎和幸・宇田川真平・加世一貴・香取裕多・近藤佑・近藤稜太・木村有花・SYEMBYE JADRA・永見慶太・林尚吾・細田壮佑 (2016),「若年世代の政治意識と参加に関する考察」,『淑徳大学サービスラーニングセンター年報』第6号, pp.15-23
矢尾板俊平・山中光茂・松村俊英・梅本陽子 (2016),「住民意識を政策プロセスに反映させるための手法に関する考察」, 公共選択学会第20回全国大会報告
横石知二 (2007),『そうだ, 葉っぱを売ろう！:過疎の町, どん底からの再生』, ソフトバンク・クリエイティブ
横石知二 (2015),『学者は語れない儲かる里山資本テクニック』, SB新書
横山彰 (1994),「環境税のパブリック・アクセプタンス」,『日本経済政策学会年報』第42号, 日本経済政策学会, pp.65-68
横山彰 (1995),『財政の公共選択分析』, 東洋経済新報社
横山彰 (1996),「参加型社会の構築へ向けて:パートナーシップによる地域づくり」,『自治体学研究』第70号, 1996・秋, pp.4-10
横山彰 (1997),「政策決定過程における説得とパブリック・アクセプタンス」,『日本経済政策学会年報』第45号, 日本経済政策学会, pp.97-100
横山彰 (2005),「経済政策と公共選択の新展開:政策の国際的な競争と協調」,『経済政策ジャーナル』第3巻第1号, 日本経済政策学会, pp.3-17
Yokoyama, Akira (2014), "Polycentricity and Federalism Reconsidered: Toward a Better Society," Public Choice Society 2014
Yunus, Muhammad (2010), *Building Social Business: The Kind of Capitalism that Serves Humanity's Most Pressing Needs,* Public Affairs［岡田昌治監修 (2010),『ソーシャル・ビジネス革命:世界の課題を解決する新たな経済システム』, 早川

書房]

Wagner, Richard E. and Yokoyama, Akira (2014), "Polycentrism, Federalism, and Liberty: A Comparative Systems Perspective" *George Mason University Department of Economics Working Paper,* No. 14-10

Zingales, Luigi (2012), *A Capitalism for the People: Recapturing the Lost Genius of American Prosperity,* Basic Books [若田部昌澄監訳 (2013), 『人びとのための資本主義:市場と自由を取り戻す』, NTT出版]

索　引

アルファベット
Brexit　166
Destination Welfare Community　139, 140, 172
DMO（Destination Management/Marketing Organization）　44
DWC　141, 146, 163, 172, 173, 180, 181
DWCM（Destination Welfare Community Management）　173, 176-179, 181
forward-looking　154, 156
KPI（Key Performance Indicator）　65
PCM手法　173, 175
QQE　→　量的質的金融緩和

ア　行
Iターン　63, 77
上げ潮派　15, 16, 33
安倍晋三内閣　4
アベノミクス　3, 15, 16, 19, 27
安心につながる社会保障　28
アンチ・コモンズの悲劇　126
アンチ・コモンズ問題　67
意見交換型住民意識調査　135, 136
一億総活躍社会　3, 27, 30, 31, 60, 64
茨城県笠間市　129
岩手県紫波町　114
N次産業システム　49
エンパワーメント　140, 177, 180, 181
大阪都構想　86, 87, 93, 109

カ　行
介護離職ゼロ　30
稼ぐ力　49

学校基本調査　74
貨幣市場　27
神の見えざる手　142
為替　27
為替レート　19-21
川本明　54
関心（重要度）　132
菅直人内閣　5, 19
企業統治（コーポレートガバナンス）　55
企業の社会的責任（CSR）　176
稀少価値（Rarity）　52
規制改革　11, 12, 29, 183, 184, 186
期待形成　31
機動的な財政政策　15
岐阜県関市　129
希望出生率　30
希望を生み出す強い経済　28
供給制約　54, 188
　――の問題　54
協創　124, 125
競争性（Competitive）　184
競争の戦略　52, 124
均衡ある国土の発展　12, 79, 82, 84, 115
金融行政方針　50, 52
暮らしを支える地域運営組織に関する調査研究事業報告書　122
クラスター　45, 46, 48
クリストファー・シムズ　21
黒田東彦　16
経済価値（Value）　52
経済財政運営と構造改革に関する基本方針2006　16, 32
経済センサス　44, 73

経済的資本　146, 150
ケイパビリティ（潜在能力）　53, 146, 172, 180, 181
小泉純一郎内閣　4
工業（場）等制限法　80, 81, 86
合計特殊出生率　62, 63, 68
構造改革特区制度　187
合理的投票者　169
合理的無知　169
高齢化率　68
高齢者福祉　10, 137
国際経常収支　20, 21
国際経常収支（季節調整済み）　19
コストリーダーシップ戦略　52
子育てコンシェルジュ　107
国家戦略特区　11, 187
コーディネーション機能　145, 172
コーディネーター　50, 176
コーディネート機能　50, 53
子ども・子育て　137
コネクターハブ企業　48
コミュニティ　139-141, 143-145, 150, 152, 163, 171-173, 189
コミュニティづくり　180
コミュニティデザイン　173
コミュニティビジネス　113
コモンズの悲劇　126
婚姻率　62
コンシェルジュサービス　107

サ　行

財市場　27
財政運営戦略　32
財政構造改革の推進に関する特別措置法（財政構造改革法）　31
財政構造改革の推進に関する特別措置法の停止に関する法律　32
財政再建重視路線　16
財政再建派　15, 16
里山十帖　114

差別化　52, 124
参加型開発手法　173
参加型社会　141, 144
産業クラスター　46, 47
３本の矢　15, 28
幸せ実感度（幸せの基準と実感度）　132
幸せな共犯関係　117
シェアタイム　176
Ｊターン　77
市街化調整区域　109
資源ベース理論　52
市場の失敗　142
実質実効為替レート　19
実質賃金　23
ジニ係数　164
島根県海士町　113
市民アンケート調査　129
市民幸せ調査　129
市民実感度調査　129
社会的関係資本（ソーシャルキャピタル）　138, 139, 146, 150-152, 171, 173, 189
　　――の構築　152
集中戦略　52
住民意識調査　173
住民基本台帳移動報告　72, 73, 77
住民協議会　120, 122, 123, 125, 126, 138, 180
住民の合意形成原則　118
熟議　135
首都圏への一極集中　10
商業統計　41
消費者物価指数　22, 39
消滅可能性都市　61, 62
所得再分配調査　164, 165
白川正明　16
シルバー民主主義　133, 135, 167, 169
人口オーナス　64, 69
人口再生産力　67, 71, 79, 115
人口ボーナス　64
政治的資本　146, 149, 185
政治的な外部性　118

成長戦略　29
セン，アマルティア　119
全国短期経済観測　25
選択と集中　63
総合特区制度　188
創造性（Creative）　184
組織（Organization）　52
ソーシャルキャピタル　→　社会的関係資本
ソーシャル・ビジネス　113

タ 行
第1次分権改革　187
待機児童対策に関する連携協定　107
待機児童問題　10, 106
第3次行政改革推進審議会（第3次行革審）　187
第3次小泉内閣　16
第31次地方制度調査会　109
第30次地方制度調査会　109
大胆な金融政策　15
大都市地域特別区設置法の制定　109
第2次分権改革　187
ダイヤモンドモデル　45
多核ネットワーク型生活経済圏　110
竹下登内閣　64
田中角栄内閣　79
団塊ジュニア　69
団塊ジュニア世代　68
団塊世代　68, 69
地域運営委員会　123
地域運営組織　122, 127, 128, 172, 179, 180
地域運営組織法人　128
地域再生計画　187
地域中核企業　44, 48, 49
地域の課題解決力　116
地域の課題解決を目指す地域運営組織──その量的拡大と質的向上に向けて──最終報告　122
地域の元気応援事業　124
地域の持続可能性　115

小さな拠点整備　122
地方財政改革　11
地方分権一括法　187
地方分権改革　11
中間支援組織　179, 180
賃金率　48
定員管理の厳格化　85
定住自立圏　108
デフレ脱却　16, 28, 35, 60
デフレ脱却経済成長重視路線　16
同感（シンパシー）　142
討論型世論調査　135
徳島県上勝町　113
徳島県神山町　114
特別区設置住民投票　87
特別養護老人ホームの入所申込者の状況　97
特養待機問題　10
トランプ大統領　166

ナ 行
長野県小布施町　114
2025年に向けた介護人材にかかる需給推計（確定値）について　97
日本創成会議　61
ネットワーク型生活経済圏　102, 105, 107, 108
野田佳彦内閣　5, 16

ハ 行
ハイブリッド・アベノミクス　28, 35, 36
パイロット自治体制度（地方分権特例制度）　187
橋下徹　86
橋本龍太郎内閣　31
働き方改革　3, 27, 30, 60, 64
バーニー，ジェイ・B.　52
バブル経済　64, 83
浜田宏一　21
バランスシート　38, 55, 56
ハンズオン型　55

広島県尾道市　114
ファイブフォース分析　52
ファシリテーター　176
福祉ミックス論　141, 144
不幸せな同居関係　121
物価上昇率　43
プライマリーバランス　33
ふるさと創生　64
ふるさと納税制度　124
分権改革　186
ベネッセアート　114
保育コンシェルジュ　107
保育所等関連状況取りまとめ　106
貿易収支　20, 21, 27
貿易収支（季節調整済み）　19
ポーター，マイケル　52
北海道東川町　114
ポリシーミックス　30

マ 行

マイナス金利政策　51, 52
増田レポート　60-62, 71, 78, 79, 115
まちづくり　63
まちづくり協議会　123
まち・ひと・しごと創生総合戦略　10, 66, 188
まち・ひと・しごと創生総合戦略（2015改訂版）　122
まち・ひと・しごと創生法　65-67
まち・ひと・しごと創生本部　10, 65, 122, 127
マッチング　50, 53, 107, 173, 176
マッチング機能　50
マネーストック　17, 19
マネジメント機能　145, 172
マネタリーベース　16
三重県伊勢市　114
三重県松阪市　117, 129, 138

3つの「C」　184
3つの資本　146
宮澤喜一内閣　59
民間投資を喚起する成長戦略　15
民主主義　142, 189
民主主義社会　167
名目実効為替レート　19
名目賃金　23, 38, 48
名目賃金指数　39, 40
名目賃金上昇率　43
モチベーター　177, 178
もはやデフレではない　27
模倣困難性（Inimitability）　52

ヤ 行

有効求人倍率　24, 25
郵政民営化　60, 149
Uターン　63
ユヌス，ムハメド　119
夢をつむぐ子育て支援　28

ラ 行

リーマンショック　19, 34, 83
量的質的金融緩和（QQE）　16, 19
臨時財政対策債　11
連携中枢都市圏　108, 110
連携中枢都市圏構想　109
連携中枢都市圏構想推進要綱　108
連結性（Connective）　184
レントシーキング　142
労働供給　25
労働市場　27
ローカルアベノミクス　37, 38, 40, 44, 46-49, 53, 66

ワ 行

若者の政治参加に関するアンケート調査　169

著者略歴

淑徳大学コミュニティ政策学部准教授，コミュニティ政策学科長，博士（総合政策）。
2001年3月中央大学総合政策学部卒業。2008年3月中央大学大学院総合政策研究科博士後期課程修了。2003年3月から2008年3月まで，独立行政法人経済産業研究所リサーチアシスタント，2008年4月から2010年3月まで，三重中京大学現代法経学部専任講師。2010年4月から2013年3月まで，淑徳大学コミュニティ政策学部専任講師，2013年4月から同准教授，2014年4月から同学科長。現在に至る。
現在，中央大学経済研究所客員研究員，政策研究フォーラム評議員，ジャパンシステム株式会社コンサルティングアドバイザーを務める。また静岡県榛原郡川根本町行政改革推進委員会委員長，総合計画策定委員会（兼まち・ひと・しごと創生総合戦略有識者会議）委員長，茨城県笠間市市街地活性化事業補助金審査委員会委員，CCRC協議会委員。また総務省自治大学校，千葉県生涯大学校で講義を担当している。
主な著書は，『世の中の見え方がガラッと変わる経済学入門』（川本明・矢尾板俊平・小林慶一郎・中里透・野坂美穂著，PHP研究所）等。

淑徳大学研究叢書 33
地方創生の総合政策論
"DWCM" 地域の人々の幸せを高めるための仕組み，ルール，マネジメント

2017年3月25日	第1版第1刷発行
2021年5月20日	第1版第2刷発行

著 者　矢尾板　俊平（やおいた　しゅんぺい）

発行者　井　村　寿　人

発行所　株式会社　勁草書房（けいそう）

112-0005 東京都文京区水道2-1-1　振替 00150-2-175253
（編集）電話 03-3815-5277／FAX 03-3814-6968
（営業）電話 03-3814-6861／FAX 03-3814-6854
堀内印刷所・牧製本

©YAOITA Shunpei 2017

ISBN978-4-326-50436-7　Printed in Japan

JCOPY ＜出版者著作権管理機構 委託出版物＞
本書の無断複製は著作権法上での例外を除き禁じられています。
複製される場合は，そのつど事前に，出版者著作権管理機構
（電話 03-5244-5088，FAX 03-5244-5089，e-mail: info@jcopy.or.jp）
の許諾を得てください。

＊落丁本・乱丁本はお取替いたします。

https://www.keisoshobo.co.jp

鷲見英司
地方財政効率化の政治経済分析　　　　　　　　　A5判　4,950円
　　　　　　　　　　　　　　　　　　　　　　　　50479-4

中澤克佳・宮下量久【オンデマンド版】
「平成の大合併」の政治経済学　　　　　　　　　A5判　4,950円
　　　　　　　　　　　　　　　　　　　　　　　　98316-2

川野辺裕幸・中村まづる 編著
テキストブック公共選択　　　　　　　　　　　　A5判　3,080円
　　　　　　　　　　　　　　　　　　　　　　　　50385-8

黒川和美／「官僚行動の公共選択分析」編集委員会 編
官僚行動の公共選択分析　　　　　　　　　　　　A5判　3,850円
　　　　　　　　　　　　　　　　　　　　　　　　50374-2

西川雅史【オンデマンド版】
財政調整制度下の地方財政　　　　　　　　　　　A5判　4,400円
健全化への挑戦　　　　　　　　　　　　　　　　　98426-8

川崎一泰
官民連携の地域再生　　　　　　　　　　　　　　A5判　3,850円
民間投資が地域を復活させる　　　　　　　　　　　50377-3

田中宏樹【オンデマンド版】
政府間競争の経済分析　　　　　　　　　　　　　A5判　4,620円
地方自治体の戦略的相互依存の検証　　　　　　　　98427-5

ロジャー・D・コングルトン／横山彰・西川雅史 監訳
議会の進化　　　　　　　　　　　　　　　　　　A5判　7,920円
立憲的民主統治の完成へ　　　　　　　　　　　　　50416-9

ロバート・トリソン　ロジャー・コングレトン 編／加藤 寛 監訳
レントシーキングの経済理論　　　　　　　　　　A5判　5,280円
　　　　　　　　　　　　　　　　　　　　　　　　50231-8

――――――――――――――――――――――――勁草書房刊

＊表示価格は2021年5月現在。消費税（10％）が含まれています。